高校思想政治教育理论课教学改革研究

李凌　谭亚丽◎著

吉林大学出版社
·长春·

图书在版编目（CIP）数据

高校思想政治教育理论课教学改革研究 / 李凌，谭亚丽著 . -- 长春：吉林大学出版社，2022.5
ISBN 978-7-5768-0818-6

Ⅰ．①高… Ⅱ．①李…②谭… Ⅲ．①高等学校—思想政治教育—教学改革—研究—中国 Ⅳ．① G641

中国版本图书馆 CIP 数据核字 (2022) 第 192063 号

书　　名	高校思想政治教育理论课教学改革研究
	GAOXIAO SIXIANG ZHENGZHI JIAOYU LILUNKE JIAOXUE GAIGE YANJIU
作　　者	李　凌　谭亚丽　著
策划编辑	殷丽爽
责任编辑	殷丽爽
责任校对	矫　正
装帧设计	李文文
出版发行	吉林大学出版社
社　　址	长春市人民大街 4059 号
邮政编码	130021
发行电话	0431-89580028/29/21
网　　址	http://www.jlup.com.cn
电子邮箱	jldxcbs@sina.com
印　　刷	天津和萱印刷有限公司
开　　本	787mm×1092mm　1/16
印　　张	11.5
字　　数	200 千字
版　　次	2023 年 1 月　第 1 版
印　　次	2023 年 1 月　第 1 次
书　　号	ISBN 978-7-5768-0818-6
定　　价	72.00 元

版权所有　翻印必究

作者简介

李凌 女，1984年7月出生，云南省昆明市人，毕业于云南师范大学，硕士研究生学历，现任昆明学院，讲师。研究方向：思想政治教育专业。获省级奖励5项，主持省级、市厅级科研课题2项、参与课题3项，出版专著1部，参编专著1部、教材2部、发表论文20余篇。

谭亚丽 女，1995年9月出生，云南省昆明市人，毕业于大理大学，硕士研究生学历，现任文山学院思政课教师。研究方向：思想政治教育专业。参与课题2项、承担5门思想政治理论课教育教学，公开发表论文2篇、通讯稿10余篇。

前　言

党的十九大提出，中国特色社会主义进入了新时代，这是我国发展新的历史方位。新的历史条件下，中华民族迎来了从"站起来""富起来"到"强起来"的历史性跨越，中国发展迈向社会主义现代化新征程。伟大的实践造就伟大的时代，伟大的时代产生伟大的理论，伟大的理论引领伟大的时代。党的十八大以来，习近平总书记高度重视高校思想政治教育工作在坚持和发展中国特色社会主义中的地位和作用，先后在全国宣传思想工作会议、全国高校思想政治工作会议、全国教育大会、学校思想政治理论课教师座谈会等多个会议发表重要讲话，对高校思想政治教育作出了重要部署和安排。

思想政治理论课是高等学校对大学生进行系统的以马克思主义世界观、人生观和价值观为核心的思想政治教育的主渠道，我们必须充分认识思想政治理论课的历史使命和育人功能，实事求是地对影响和制约高校思想政治理论课教学的因素进行深入分析研究，并进行改革创新，以便有针对性地加强和改进思想政治理论课教学工作，提高思想政治理论课的教学效果。

本书第一章为绪论，介绍了两个方面的内容，分别是高校思想政治理论课概述、高校思想政治理论课教学概述；本书第二章为高校思想政治理论课教学现状及优化，分析了高校思想政治理论课教学的现实困境，提出了高校思想政治理论课教学的改革策略；本书第三章为高校思想政治理论课教师队伍的建设路径，介绍了三个方面的内容，分别是高校思想政治理论课教师能力需求、高校思想政治理论课教师队伍现状以及高校思想政治理论课教师队伍的优化策略；本书第四章为高校思想政治理论课实践教学的建设路径，对高校思想政治理论课实践教学进行了概述，分析了高校思想政治理论课实践教学的现状，提出了高校思想政治理论课实践教学的策略；本书第五章为"互联网+"时代高校思想政治理论课实践教学的创新，分为三个方面，分别为基于慕课的高校思想政治理论课实践教学创新、基于VR技术的高校思想政治理论课实践教学创新，以及基于翻转课堂的高校思想政治理论课实践教学创新。

  在撰写本书的过程中，作者得到了许多专家学者的帮助与指导，参考了大量的学术文献，在此表示真挚的感谢。但由于作者水平有限，书中难免会有疏漏之处，希望广大同行及时指正。

作者
2022 年 1 月

目 录

第一章 绪论 … 1

第一节 高校思想政治理论课概述 … 1

第二节 高校思想政治理论课教学概述 … 7

第二章 高校思想政治理论课教学现状及优化 … 17

第一节 高校思想政治理论课教学的现实困境 … 17

第二节 高校思想政治理论课教学的改革策略 … 33

第三章 高校思想政治理论课教师队伍的建设路径 … 54

第一节 高校思想政治理论课教师能力需求 … 54

第二节 高校思想政治理论课教师队伍现状 … 63

第三节 高校思想政治理论课教师队伍的优化策略 … 74

第四章 高校思想政治理论课实践教学的建设路径 … 92

第一节 高校思想政治理论课实践教学概述 … 92

第二节 高校思想政治理论课实践教学的现状 … 101

第三节 高校思想政治理论课实践教学的策略 … 109

第五章 "互联网+"时代高校思想政治理论课实践教学的创新 …………… 124

第一节 基于慕课的高校思想政治理论课实践教学创新 …………… 124

第二节 基于VR技术的高校思想政治理论课实践教学创新 ………… 142

第三节 基于翻转课堂的高校思想政治理论课实践教学创新 ………… 158

参考文献 ……………………………………………………………… 173

第一章 绪论

高校思想政治理论课是对大学生进行思想政治教育的主阵地，一是将思想政治教育的内容编成课程教材，二是通过课堂讲述和课下社会实践的方式对大学生进行思想政治教育。本章从高校思想政治理论课概述及高校思想政治理论课教学概述两方面展开论述。

第一节 高校思想政治理论课概述

一、高校思想政治理论课的概念

高校思想政治理论课是在马克思主义指导下高校落实立德树人根本任务的关键课程，是以培养担当民族复兴大任的时代新人为根本目标，对高校大学生进行系统的马克思主义理论教育和思想政治教育，培育其自觉接受党的领导和积极践行社会主义核心价值观的必修课程。

1978年以来，伴随着改革开放的步伐，我国的大政方针不断调整，思政课在改进中不断加强。思政课的发展无论是在内容和教学方面，还是在课程设置方面都在不断改进。此外，思政课的课程名称也几经变化：从"马列主义理论课"到"马克思主义理论课"，再从"政治理论课"到后来逐步形成了"马克思主义理论课和思想品德课"的"两课"体系。最后，在《<中共中央宣传部 教育部关于进一步加强和改进高等学校思想政治理论课的意见>实施方案》（以下简称"05方案"）中正式提出"高校思想政治理论课"这一名称，同时也调整设置了四门课程，从此"高校思想政治理论课"作为马克思主义教育课程的总称被沿用至今。课程名称的数次更改，也反映了思政课的课程内容在与时俱进，不断地充实发展。

大学生思想政治理论课是我国所有高校的公共必修课程，一般在大学时期的前两个学年开展，主要目的是为了实现对大学生思想道德素质的强化，使其全面发展。

这样的课程设置，一方面满足了"重要课程最先讲"的课程设置思路，另一方面也为学生正确理解专业课的内容与要求，形成正确的职业道德观念打下坚实的基础。

目前我国大学生思想政治理论课教学一般分为两个阶段，一是通过课堂上大学生对于课本知识的学习与理解，以及教师的正确引导与讲述来展开，结课后学校会组织专门的期末考试以检验大学生的学习成果；二是学校要求大学生在结束课程的学习后，利用寒暑假期，以个人或小组的形式，自定项目，深入社会开展社会实践，通过服务社会践行所学知识，使思想政治理论课的内容真正入脑、入心、入行，并要求每个大学生撰写社会实践报告，教师通过对实践报告打分来检验大学生的实践成果。

目前，我国高校本科阶段思想政治理论课共开设"思想道德与法治""马克思主义基本原理""毛泽东思想和中国特色社会主义理论体系概论""中国近现代史纲要""形势与政策"五门必修课。根据教育部的要求，高校要合理安排教务，实现各门课程的有序衔接，原则上要求针对本科生依照"思想道德与法治"—"中国近现代史纲要"—"马克思主义基本原理"—"毛泽东思想和中国特色社会主义理论体系概论"的顺序开展教学，同时，每学期必修"形势与政策"课程。

总之，党和国家高度重视高校思想政治理论课，希望借助其来提升学生的使命感，强化学生思想道德素养，引导学生矢志不渝地听党话跟党走，争做社会主义的合格建设者和可靠接班人。

二、高校思想政治理论课的特点

（一）政治性

我国是在中国共产党领导下，以马克思列宁主义、毛泽东思想、邓小平理论、"三个代表"重要思想、科学发展观、习近平新时代中国特色社会主义思想为理论指导和行动指南的社会主义国家，坚持马克思主义原理的指导地位是不可动摇的政治原则和政治底线。高校思想政治理论课是高校学生思想政治教育的主渠道和主阵地，旨在通过思想政治教育培养出合格的社会主义接班人，从而为社会主义建设事业服务。

在这样的前提下，高校思想政治理论课所涉及和覆盖的思想和持有的立场是具有严格规定的。思想政治理论课是一门政治教育课程，其政治性是绝不可动摇的基调和范围。

（二）理论性

高校思想政治理论课是一门理论性的课程，通过学习马克思主义理论，满足学生对理论知识的渴求。高校大学生只有将马克思主义理论作为自己的指导方向，才能够做到认识真理、掌握真理、信仰真理、捍卫真理，从而把握好自己前进的方向。当然，高校思想政治理论课也需要关注时代、关注现实，但是要强调一个重要前提，那就是理论在把握现实的过程中始终居于主导地位，缺乏理论性的高校思想政治理论课是不可能具备其应有的科学性和政治性的。

（三）科学性

高校思想政治理论课是由党和国家制定，并在全国各大高校中实施的必修课程，是意识形态领域建设的重要组成部分，这种特有的性质要求其必须具有科学性。高校思想政治理论课的科学性在提高大学生的思想与觉悟、强化学生爱国热情等方面起到了有力的推动作用。思想政治理论课的科学性，体现在坚持了唯物论与辩证法、坚持了实事求是等，而这些观点有着其不可争论的真理性。受教育者通过学习科学知识并将其落实到实际生活中，能够对其在认识和改造世界方面产生相应的推进效果。所以，高校思想政治理论课的特征首先体现在其科学性。

（四）方向性

高校思想政治理论课的方向性主要体现在对学生价值观念的指引上，是指其所要坚持的基本宗旨和所要完成的基本任务有着鲜明的政治性。思想政治理论课旨在培养中国特色社会主义制度的忠实拥护者和建造者，引导大学生走社会主义道路，使其理解并支持当前我国的各项政策方针、拥护中国共产党的领导，强化学生素养。思政教育工作的开展，归根结底是为了提升民众的道德素养，使其养成正确的价值观，以更好地推进个人成长，在社会发展过程中提升个人价值的同时，又能够为社会发展作出更多贡献。在高校中开展思想政治理论课，有助于提升学生的综合能力，使其更有信心，能更好地服务人民、奉献社会。这是思想政治理论课的方向性所在。综合考虑当前国家和社会的实际情况及思想政治理论课的方向性，必须进一步深化对新时代大学生的意识形态教育。

（五）时代性

高校思想政治理论课的时代性，指思想政治理论课的知识体系和理论观点要紧随时代的发展，教学内容、教学方法和教学途径要紧随时代的步伐。身处变化发展的时代进程中，为提升教育质量、获得更好的教育效果，我们需要更有针对性、更与时俱进地开展教育工作。高校思想政治理论课的时代性，从我国的基本国情出发、从我国改革开放的历史进程出发、从现实需求出发，反映时代特征，不断与时俱进。

（六）渗透性

高校思想政治理论课在实践中的渗透性极强。对于绝大多数事物，我们均可借助于发展的眼光对其进行分析。对于绝大多数事物而言，均属于客观存在的事物，从思想政治理论课中学到的科学知识与很多生产生活之间具有显著关联，倘若在教育工作中能够获得较好成效，便可对社会生活中各领域的发展起到有效的推进作用。因而我们要科学开展思想政治理论课，将它渗透到生活中，针对教育力度进行强化，并建立起正确的意识形态。在思想政治理论课的开展过程中，要时刻体现渗透性，将它与传统文化、政治、道德文化进行充分融合，以更好地实现对教育资源的挖掘，进而为后续教育工作开展奠定良好基础。

三、高校思想政治理论课的发展

通过对高校思想政治理论课程体系演化的历史进行反思，有利于我们全面地认识和理解新一轮思想政治理论课改革的精髓。我们对改革开放以来高校思想政治理论课的改革与发展进行了梳理，可以分为三个阶段，即1978—1997年的恢复和发展时期、1998—2004年的规范和完善时期、2005年以后的科学发展时期，分别经历了《中国中央关于改革学校思想品德和政治理论课程教学的通知》(以下简称"85方案")、《中宣部、教育部关于印发<关于普通高等学校"两课"课程设置的规定及其实施工作的意见>的通知》（以下简称"98方案）、"05方案"三次大的修订，以及对"05方案"的六次不断修订完善过程。党的十九大以后，中央组织对思政课程教材进行了新一轮修订，目前新修订的教材将在新教学过程中使用。

（一）"85方案"的建设情况

1985年8月1日，中共中央正式发布《中国中央关于改革学校思想品德和政治理论课程教学的通知》，明确提出：我国现行的以马克思主义为指导的思想品德和政治理论课的课程设置、教学内容和教学方法必须改革。同时，确立了思想政治理论课改革的基本指导思想，即思想政治教育理论课要面向现代化、面向时代、面向未来。

（二）"98方案"的建设情况

1998年经过中共中央研究，对课程体系进行了一次全面改革，即"98方案"，其还是以"两课"一以贯之，分为马克思主义理论课程和思想品德课程。马克思主义理论课程包括5门课，即"马克思主义哲学原理""马克思主义政治经济学原理""毛泽东思想概论""邓小平理论概论""当代世界经济与政治"；思想品德课程包括2门课，即；"思想道德修养"和"法律基础"。

（三）"05方案"的确立情况

2005年中共中央宣传部和教育部发布《<中共中央宣传部　教育部关于进一步加强和改进高等学校思想政治理论课的意见>实施方案》，正式提出新的思想政治理论课程设置。具体内容为："马克思主义基本原理""毛泽东思想、邓小平理论和'三个代表'重要思想概论""中国近现代史纲要""思想道德修养与法律基础"。

"05方案"充分体现了高等教育的根本任务，首次正式以"思想政治理论课"来概括原来的"两课"的各门课，将7门课合并为4门课。这样的改革具有几个特点，即逻辑体系更顺，重复性内容有删减、理论涵养更高、体系更为完善。在修改内容上，"05方案"将党在全面建设小康社会的新实践中，对科学发展观、"三个代表"代表重要思想、构建和谐社会及意识形态领域工作提出了新要求。

四、高校思想政治理论课与高校日常思想政治教育的关系

（一）高校思想政治理论课是大学生思想政治教育的主渠道

在高校的全部思想政治工作中，思政课是高校思想政治理论教育的主要课程，是对高校大学生思政教育的主渠道。一方面，思政课教学是以培育学生掌握马克思主义理论和形成良好思想品德等为主要内容的，是高校进行思政教育的显性课程；另一方面，思政课担负着特殊、重要的责任，是高校落实立德树人根本目标的关键课程，在推进高校思想政治教育工作，在培育学生自觉接受党的领导、坚定共产主义理想、坚定社会主义道路、自觉践行社会主义核心价值观等方面发挥着重要作用。

（二）高校日常思想政治教育是大学生思想政治教育主阵地

高校日常思想政治教育是高校除直接的思政课教育之外的其他教育方式，主要教育形式有管理教育、实践教育等；高校日常思想政治教育工作者主要有学生的政治辅导员、高校党政工作者及其他管理和服务人员。习近平总书记强调"要坚持把立德树人作为中心环节，把思想政治工作贯穿教育教学全过程，实现全程育人、全方位育人"[①]。因此，高校的思想政治教育工作作为一项系统工程，需要高校所有教育者协同发力、共同育人。而高校日常思想政治教育涉及学生教育的方方面面，它与思政课相互依存、相互补充，为上好思政课提供了管理方面和实践方面的补充，是高校推动思想政治教育工作的主阵地。

（三）高校思想政治理论课和高校日常思想政治教育协同育人

思政课和日常思想政治教育虽然同属于高校思政教育工作的一部分，但其分工有所不同，在具体的工作开展中各有侧重。思政课是高校专门对学生进行思政教育的重要课程，侧重于理论教育；日常思想政治教育的主要工作是高校对学生进行日常管理教育、实践教育，侧重于实践指导、服务育人等。虽然这二者开展工作的具体分工不同，但都是以立德树人为根本任务，以培养担当民族复兴大任的时代新人为重要职责。

新时代的高校思想政治教育，要求必须以立德树人为中心，要求主渠道和主阵地同向同行、协同发展，积极发挥协同育人作用。一方面，要做到主渠道和主阵地优势互补、协同发展，推动侧重理论教育的思政课与侧重实践教育的日常思想政治教育相结合，使其在高校思政教育中，既能增强学生的理论水平，又能提高其实践能力；另一方面，要做到思政课教师与学生管理工作者及其他课程教师协同合作。高校的所有教师都具有育人职责，承担着教书育人的神圣使命。落实立德树人根本任务，仅仅依靠思政课堂教学是远远不够的，需要主渠道、主阵地和其他渠道的共同参与、协同育人，提升育人效果、增强学生的获得感，积极落实高校立德树人根本任务，从而培育担当民族复兴大任的时代新人。

---

① 习近平. 习近平谈治国理政：第二卷[M]. 北京：外文出版社，2017.

第二节 高校思想政治理论课教学概述

一、高校思想政治理论课教学的功能

（一）保证人才培养的政治方向

1. 启迪政治认知

"认知"是心理学上的一个术语，用来描述人的认识能力，是指人们对其认识的所有事物或行为的理解。政治认知，指的是人们对政治理论、政治事务或政治行为的认识，是政治社会中的行为主体在实践中对政治体制、政党体制、政治制度、政治权力、政治理论、政治规则、政治功能等诸多方面的认识与把握。政治认知是融心理学、政治学、社会学等学科知识为一体的多学科概念。政治认知通常要经过认识政治现象、产生政治态度和形成政治判断三个阶段。高校思想政治理论课程涵盖了中国政治体制、政党体制、政治制度、政治理论、政治权力运行机制等内容，教师要在教学中运用马克思主义理论、原则和方法阐释各类政治现象，使中国特色社会主义理论深深扎根在大学生的头脑中。此外，高校思想政治理论课教学还通过潜移默化的宣传教育，塑造高校师生正确的思想观念和政治观点，确保师生在政治立场和政治观念上能够与党和国家保持一致，从而达到用正确理论说服人的目的，使行为主体依据马克思主义理论行动。在师生政治认知形成过程中，高校思想政治教育也发挥着"说服群众"的奠基性作用，通过高校思想政治教育工作，师生对政治的深层规律和实质有更深入的掌握和更理性的判断。

2. 激发政治情感

情感是人们主观上对客观事物形成的一种内心感受和态度体验，是一种能够深刻影响人的心理、思维和行为的人类特有的一种心理现象，它伴随着人的认知过程而产生。人的主观欲望能否被客观物质所满足决定着人是否能够产生相应的态度、体验和感受，这种态度、体验和感受就是情感，并通过愉悦、气愤、伤感、痛苦、恐惧、郁闷等形式表现出来。政治情感则指政治主体在政治生活中对政治体制、政治制度、政治理论、政治权力、政治事件及政治人物等产生的内心体验和感受，并伴随人的政治认知过程，形成了对各种政治客体的美丑感、好恶感、

爱憎感、亲疏感等心理反应。政治情感主要受以下几方面影响：第一，政治情感通常受主体既有认知、所处的政治环境、接触的政治信息的影响和干扰，大学生从小在学校教育家庭教育和社会教育共同影响下所形成的世界观、人生观、价值观，以及自身政治知识储备都会对其政治情感产生根本性影响；第二，大学生所处的政治环境，从世界政治格局、国际政治局势，到国内主流政治形态、民族政治态度，再到地区政治风气、党团组织政治氛围、家庭政治气氛等，都能从不同程度上对大学生的政治情感产生影响；第三，国际宣言、政府工作报告及报纸杂志、电视媒体、网络媒体、智能终端上报道的政治事件政治人物、政治局势、政治观点也会影响大学生政治情感的形成，第四，老师、同学、亲戚、朋友的政治倾向和政治解说也会影响大学生的政治情感。政治情感是在政治认知基础上的心理体验，政治认知的程度影响人们产生相应政治情感的深浅，政治情感又反过来影响政治认知的结果。政治情感分为积极政治情感和消极政治情感。大学生爱国、爱党、爱社会主义，认同并支持国家大政方针政策，对中国特色社会主义制度发展充满信心，能稳定而理性地表达自己的政治情感等，都体现了积极的政治情感。积极政治情感的培养一定离不开政治认知和政治思想的引导。大学生正确政治认知和政治思想的形成既需要不断学习政治理论知识，又需要一支专业的思想政治教育队伍通过课堂教学、社会实践等形式，营造积极向上的氛围，让高校学生在自主、自愿的学习中摆正认识，塑造积极的政治情感。唯有这样，才能更好地培养大学生的政治情感，提高他们的政治觉悟，从而树牢他们的共产主义理想信念。

3. 坚定政治信念

政治信念就是在政治社会化过程中，人们对包含着政治现象、政治关系、政治行为等在内的政治学说、原则和思想的认知和情感态度，以及为此追求的决心和毅力。政治信念是一个集政治认知、政治情感和政治意志于一体的综合性概念。政治信念是个体的精神存在，塑造了政治行为个体的人格，指引着政治行为个体的行为取向并对其行为发挥价值评判作用。政治信念也是联系社会个体的精神纽带，能凝聚人心，使人们统一行动，从而推动社会的发展和稳定。大学生群体的政治信念，不仅反映了他们的政治精神风貌，更影响着国家和民族的未来发展方向和命运。我们要通过高校思想政治理论课对大学生进行系统的、持续的社会主义核心价值观和其他主流意识形态内容的灌输与教育，积极引导大学生的政治认知、政治情感、政治意志和政治行为倾向，培育大学生对党、国家和社会体系的归属感、责任感与忠诚感，使其树立坚定、正确的政治信念，成为社会主义建设事业的接班人。

4.引导政治行为

政治行为是政治主体在一定政治思想支配下，为实现特定的政治意图而进行的社会实践活动。政治行为体现为政治学习、政治宣传、政治参与等外在形式，反映了政治主体特定的政治思想、政治立场、政治认知、政治态度、政治情感、政治信念。习近平总书记在党的十九大报告中指出："青年一代有理想、有本领、有担当，国家就有前途，民族就有希望。"[①]大学生是重要的社会主体，大学生的政治行为状况及政治行为习惯关乎祖国的未来、民族的希望。高校思想政治理论课教学的重要任务之一就是有效引导大学生政治行为健康发展。理直气壮讲好思想政治理论课，是有效引导大学生政治行为的主渠道。教师要充分挖掘各门专业课程中的思想政治教育元素，各门课程都要"守好一段渠"，"课程思政"与思政课程相向而行、形成合力，是有效引导大学生政治行为的重要途径。高校要积极开展大学生课堂内外的各种社会实践活动，引导大学生深入农村、社区第一线，从事社会调查、政策宣讲等政治实践活动，在实践中增长知识、深化认知，练就政治行为本领。此外，高校应引导大学生参与学校民主管理过程，丰富大学生参与民主管理学校的形式，也可以锻炼大学生的政治参与能力，促使大学生养成良好的政治行为习惯。

（二）实现思想道德的价值引领

1.提升思想觉悟

思想政治素质是人的全面发展的首要素质，在人的综合素质中起统领作用。思想觉悟是思想政治素质的重要内容，是人们对世界观、人生观、价值观的认识程度。觉悟了的思想可以形成求真、向善、尚美的积极向上的精神力量。通过高校思想政治理论课教学可以引导青年大学生树立正确的世界观、人生观、价值观。高校思想政治教育通过寓世界观、人生观、价值观于知识传授和实践活动当中，引导学生树立社会主义核心价值观、自觉提升思想素养和觉悟，把实现自我价值与服务祖国人民有机结合起来，把个人理想融入实现中华民族伟大复兴中国梦的社会理想，把个人智慧融入集体智慧，把个人力量融入集体力量，在自觉服务祖国和人民、实现社会价值的过程中实现自我价值。高校思政教育切实发挥了思想

---

① 习近平.习近平：决胜全面建成小康社会 夺取新时代中国特色社会主义伟大胜利——在中国共产党第十九次全国代表大会上的报告[EB/OL].（2017-10-27）[2021-11-14]. http://jhsjk.people.cn/article/29613458.

政治教育弘扬社会主义核心价值观，并使其内化于心、外化于行的价值引领作用，把大学生思想政治理论知识学习与提高自身思想政治素质、提升自身思想政治觉悟结合起来，促进学生的全面发展和健康成长。

2. 提高道德水准

高校思想政治理论课教学中以循循善诱的说理教育、躬行践履的实践教育、润物无声的心理疏导等教育方法，激发师生形成善良的道德意愿和道德情感，培育其形成正确的道德判断和道德责任，强化其稳定的道德理性和道德行为，提高其道德实践能力尤其是自觉弘扬和践行社会主义核心价值观的能力，使其养成求真向善的自觉习惯，形成良好的道德品质，从而提高师生的思想道德水准。

3. 塑造健全人格

思想政治教育是人自我发展和自我完善的一种特殊精神力量，在个体人格塑造中发挥着重要作用。思想政治教育是促进个性发展的重要手段和途径，也是衡量思想政治教育成效的重要标志。与之相对应，高校思想政治理论课教学的一项重要功能就是塑造青年大学生个体的健全人格，使其形成崇高的精神境界和健康的心理品质，先成长为一个身心健康的社会公民，再在身心健康基础上逐渐成长为改造物质世界和创造社会历史的社会主义建设者和接班人，勇担时代赋予的历史使命和社会责任。

（三）激发师生的精神动力

1. 激发师生主体性动力

思想政治教育具有激发精神动力从而调动受教育者积极性、主动性和创造性的激励功能。通过高校思想政治理论课教学可以培养和塑造人，其通过开发人的潜能、丰富人的头脑、强化人的动机、坚定人的意志，促进人的精神动力、精神力量、精神资源的开发，从而提高人的积极性、主动性和创造性，为师生尤其是青年大学生提高认识世界和改造世界的能力提供源源不断的主体性动力。

2. 激发师生群体的组织动力

单个的力量是有限的，且容易发生相互冲突和相互抵消。而想让无数个体的精神动力相互作用、相互影响，则需要由一种组织的力量来统一思想认识，让各个单独的精神力量同向运动、统一行动，从而形成一定的集体精神动力。思想政治教育具有凝聚力量的作用，通过凝聚起强大的精神合力，紧密团结一切可以团结的力量，使其为完成共同的目标而努力奋斗。这种合力的产生，依赖于群体组织动力的形成。

在高校，思想政治理论课教学能调动全体师生的积极性、主动性和创造性，整合和凝聚群体组织动力，从而形成强大合力。因此，高校思想政治教育具有激发师生群体组织动力的功能，能够凝聚个体成长动力、学科发展动力、教育教学动力、服务社会发展动力，去形成立德树人、推进事业发展的强大合力。

3. 激发师生投身社会发展的实践动力

推动社会实践活动的精神动力，是更系统、更深入、更持久的精神动力。精神动力对人的活动的推动，既包括对个体活动的推动，又包括对群体活动、社会活动的推动。引导师生参与中国特色社会主义建设实践，既是思想政治教育的重要内容，又是思想政治教育得以顺利开展的根本要求。推进思想政治教育的真正动力是实践，是实践的力量在发挥作用。反过来讲，思想政治教育又是激发和引导师生投身社会实践精神动力的重要源泉。实践出真知，在人才培养过程中，所有理论知识的学习都必须经过实践才能转化为个人的本领和能力，高校思想政治理论课教学中始终坚持实践育人理念，坚持教育与生产劳动相结合的教育方针，充分激发广大师生积极投身社会实践的精神动力，为人的全面发展和中国特色社会主义建设作出独特的贡献。

二、高校思想政治理论课教学的基本方法

（一）课堂讲授法

课堂讲授的教学方法是高校思想政治理论课教师常用的，也是基本的教学方法，这是因为高校思想政治理论课理论性比较强、基本概念比较抽象、基本原理比较有哲理性、基本原则比较深奥，所以教师必须在课前认真备课，要由浅入深地导入新课，加强课堂练习、巩固理论知识、及时总结、评价学生的学习情况。这一教学过程主要呈现为高校思想政治理论课教师运用教学语言向学生进行教学内容的讲解和分析。因此，课堂讲授法能使青年大学生在较短的时间内系统地掌握马克思主义理论体系中最基本的、最本质的、最主要的内容，但我们也要看到，它缺乏师生相互作用，形象生动性不够。

（二）案例教学法

与课堂讲授法不同，案例教学法是一种以案例为基础，鼓励学生积极参与案例讨论的一种教学方法。教师在课堂教学过程中主要扮演着案例教学法的设计者

和激励者的角色。案例教学法包括课前选择社会生活或学生身边碰到的典型事例，设计思考讨论的话题；呈现生动、鲜活的案例，组织学生参与课堂讨论；点评、总结案例评议情况；等等一系列环环相扣、逐次递进的教学环节。

（三）启发式教学法

启发式教学是指教师在教学实践过程中，根据学生的学习需求，按照教育教学和学生成长的客观规律，以启发学生思维为核心，充分调动学生学习的积极性、主动性，通过动脑、动手、动口等方式获取知识，教育、引导学生发现问题、分析问题和解答问题的一种教学方法。首先，启是发的前提和条件，其次，发是启的发展和结果，要让学生启而即发，就需要教师启而得法。同时，启发式教学法也是教师主导作用与学生主体作用有机结合一种方式方法。

（四）讨论式教学法

讨论式教学法在高校思想政治理论课教学方法体系中占重要地位。在讨论式教学方法中，学生在教师的指导下进行有意识的思维探索活动，对一些不同的观点和看法开展讨论，引发学生学习的兴趣，从而形成自主学习、探究性学习的习惯。讨论式教学法包括预习、阅读教学材料，发现问题，提出问题，学生发表自己的观点，教师引导，总结评价六个基本环节，具有以下明显特点：一是信息源多、信息交换量大、师生获得信息快；二是能充分调动学生参与教学的积极性、主动性和创造性；三是能有效地培养和提高学生的沟通交流能力。

高校思想政治理论课教师在教学过程中，围绕某一思想政治理论课的教学内容或教学案例，不失时机地引导、鼓励青年大学生开展相关的课堂讨论、演讲、辩论、对话，有利于帮助青年大学生理解和把握高校思想政治理论课相关基本概念、基本知识和基本原理，有利于提高青年大学生运用马克思主义的基本立场、基本观点和基本方法，发现问题、分析问题和解决问题，也有利于调动青年大学生学习思想政治理论知识的积极性和主动性，活跃课堂学习气氛，从而在深入、热烈的学习讨论中，使青年大学生真学、学懂、深悟、弄通、笃信、笃行马克思主义理论、马克思主义中国化的科学成果及社会主义核心价值观。讨论式教学法形式多样、不拘一格、生动活泼，易于激发青年大学生学习马克思主义理论的浓厚兴趣。但在教学实践中，其存在不容忽视的问题，使用讨论式教学方法往往只能使部分青年大学生受益较大，而大部分青年大学生只是听听而已。而且在讨论过程中，讨论双方容易偏离主题、情绪失控，因此还需要发挥高校思想政治理论课教师的主导作用。

（五）探究式教学法

探究式教学法又可称为"发现法""研究法"。教师在讲解或阐释基本概念或深奥原理等过程中，为了让学生由浅入深地理解和把握相关知识，教师可以先向学生提出一些问题和现象，让学生自己通过对这些问题和现象的思考、观察、讨论和实验等途径，独立地探究，从而发现并掌握相应的原理和结论。探究式教学法主要有以下实质性教学环节：一是发现问题，二是探讨问题，三是研究问题，四是解决问题。

（六）专题式教学法

专题式教学法是指教师立足教育教学实际，从学生思想实际和社会现实问题、学生关注的热点、焦点问题出发，在遵循课程教学计划、教学大纲和教学内容的前提下，突破原来教材章节、教学计划和教学秩序安排，将教学内容按照一定的教学需要分成若干部分，把每个部分视为一个独立的专题来备课和授课的教学方法。高校思想政治理论课专题式教学法以社会现实、青年大学生思想实际为切入点，紧紧把握时代脉搏，具有以下明显特点：一是课堂"微型讲座化"，在专题式教学课堂上，任课老师必须就某一专题进行"讲座化"的备课，要将专题课讲授成知识结构逻辑严密，抽象理论具体化、通俗化的课程；二是教学手段多元化，在专题化教学过程中，启发式教学法、互动式教学法、案例教学法、多媒体手段及主体教育理论等都能作为一种教学手段加以利用，并得以发挥；三是专题式教学法"深""实""活"，专题式教学法要求教师知识面要广，理论层次要深，而且要在结合社会实际、青年大学生的思想实际、教材结构实际的基础上进行选题，教师课堂教学组织方式比较灵活多样。

三、高校思想政治理论课教学的原则

（一）理论与实践相结合

理论与实践相结合的原则，是马克思主义最基本的原则之一，体现了认识与实践相统一、矛盾的普遍性和矛盾的特殊性相结合的马克思主义的认识论和辩证法，是辩证唯物主义世界观在无产阶级政党作风上的具体表现，它是中国共产党一贯坚持的正确思想路线。

理论与实践相结合的原则，不仅是学校思想政治理论课教学必须遵循的基本原则，也是新时代高校思想政治教育发展、实践必须遵循的基本原则。理论与实践是辩证统一的关系，理论从实际中来，并接受实践的检验。理论只有联系实际，才能从实际出发，指导革命实践。首先，实践是认识的基础，也是理论来源的基础。马克思主义认为，实践是人类有目的地、能动地改造和探索现实世界的一切社会性的客观物质活动，它是人类社会产生、存在和发展的基础，也是认识生成和理论来源的基础。离开实践，思维和存在的统一、主观和客观的统一就成为空谈。其次，认识对实践具有能动作用，科学的理论推动社会实践的发展。马克思主义是科学的理论，在人类思想史上，没有一种思想理论像马克思主义那样对人类产生如此广泛而深刻的影响，其重要原因在于科学的理论对社会实践和发展产生重大的能动作用。最后，理论和实践是在相互作用中不断发展的。科学的理论随着社会实践的发展而发展，同时，不断发展的科学的理论又不断推动着社会实践和社会发展。

理论联系实际是党的优良传统和作风，教育与生产劳动和社会实践相结合是党的教育方针的重要内容，理论教育和实践教育相结合是新时代高校思想政治教育的根本原则。大学生通过参加社会实践，了解社会、认识国情，增长才干、奉献社会，锻炼毅力、培养品格，对于加深对马克思列宁主义、毛泽东思想、邓小平理论、"三个代表"重要思想、科学发展观和习近平新时代中国特色社会主义思想的理解，深化对党的路线方针政策的认识，坚定在中国共产党的领导下，走中国特色社会主义道路，实现中华民族伟大复兴的共同理想和信念，增强历史使命感和社会责任感，具有不可替代的重要作用，对于培养担当民族复兴大任的时代新人具有极其重要的意义。实践证明，理论与实践相结合是高校加强思想政治教育的重要准则，促使大学生在实践中深化对理论的认识，在理论指导下加深对新时代中国特色社会主义建设的认识。

（二）主导与多样相结合

主导与多样相结合的原则反映了思想政治教育内容宣传和教育的基本要求，体现了思想政治教育的本质特征。所谓主导，即思想政治教育的内容体现了思想政治教育的方向和性质，属于思想政治教育的主导部分，充分体现了统治阶级的阶级意志和主流价值取向；所谓多样，是指根据教育对象的要求，继承、借鉴、发展古今中外思想政治教育及相关理论知识中的优良传统和有益经验，包括优良的传统文化教育、西方进步学者的思想成果和现代科学文化成果，反映了思想政治教育内容的包容性、多样性。它也包含了针对不同教育对象的不同情况而实施的教育内容的灵活性。

主导与多样相结合的原则体现了思想政治教育的性质和本质。思想政治教育的重要特点是具有意识形态性。在阶级社会，不同阶级、不同国家进行的思想政治教育，都具有鲜明的意识形态，统治阶级往往采取各种方法进行思想政治教育，实现对受教育者的思想领导。

坚持主导和多样是相辅相成、辩证统一的，高校思想政治理论课教学应把教育内容的主导性和多样性结合起来。首先，要坚持主导前提下的多样。在选择思想政治教育内容时，应以主导性为前提和根本，保持思想政治教育的目标方向。离开教育内容的主导性，思想政治教育的性质将发生改变。同时，在坚持主导的前提下，应坚持多样性，将其作为思想政治教育的有益补充，又避免思想政治教育的单一和枯燥。其次，应坚持多样中的主导。随着时代发展和知识文化的开放交流，多样性的教育内容空前增加，在坚持多样性的同时，各个国家都会将维护本国统治阶级的利益和意识形态的安全作为前提和标准，确保思想政治教育的主导地位。

（三）教育与自我教育相结合

教育与自我教育相结合的原则，就是在思想政治教育中，既要发挥教育者的主导作用，又要发挥受教育者的主体能动作用。思想政治教育离不开教育者的主导，同时应根据受教育者的认知规律和思想品德形成规律，发挥他们的主体性作用。教育是教育者按照一定目的，通过有计划、有组织的方式对受教育者施加影响，使他们掌握国家和社会需要的思想体系、政治要求、道德规范等，它体现了思想政治教育"灌输"的本质。从思想政治教育的整个过程来看，这是社会占主导地位的意识形态和阶级意志的传承、教育者的教育和受教育者对教育内容进行吸收的过程，其本质就是通过主流意识形态的"灌输"，使社会占统治地位的思想成为统治阶级的思想，并由受教育者内化为自己的思想观念。所谓自我教育，是指受教育者以自己已经形成的思想政治品德为基础，提出一定的奋斗目标，主动地进行自我锻炼、自我修养、自我完善。

教育与自我教育是相互联系、相互促进的关系，只有将两者相结合，才能较好地达到思想政治教育的目的。一方面，人们的思想政治素质的培养和水平的提高要通过教育来实现；另一方面，人的思想政治品德的养成离不开自身的认知、觉悟、领会和践行。思想政治教育的落脚点在于受教育者对教育内容的消化和吸收，并通过实践外化证明教育的效果。没有受教育者的意志动机和自觉行动，教育的目标就不能实现。可见，教育和自我教育是外因和内因的关系，教育是外因，受教育者是内因,外因要根据内因来变化,内因则是变化的根据。教育是外部条件,必须通过内部的矛盾运动即自我教育,才能达到教育的目的。而外因又起着非常重要的作用,没有外部的教育,受教育者很难形成正确的思想引领和价值观念。

第二章　高校思想政治理论课教学现状及优化

本章主要内容为高校思想政治理论课教学现状及优化，分为两个小节。第一节为高校思想政治理论课教学的现实困境，第二节为高校思想政治理论课教学的改革策略。

第一节　高校思想政治理论课教学的现实困境

一、教学环境方面

（一）社会环境面临不良因素的严峻挑战

1. 不良社会道德风气的影响

现实生活中的道德问题很复杂，常常会与我们接受的教育内容相违背，会影响学生的道德认知，让他们产生困扰和疑惑，部分同学甚至认为不需要中华民族传统文化美德。这些错误认知都对思想政治教育发展提出了巨大挑战。

2. 实用主义和功利主义思想的影响

随着市场经济的深入发展，人们原有的价值取向受到很大影响，许多企业在招聘人才时，只重视才能，忽略了人才本身的道德素质。这样的社会风气致使一部分学生在学习过程中只注重对专业技能的学习，更加助长了学生认为学习思想政治教育知识没用的想法，更加不重视思想政治理论课的学习。

3. 互联网的负面影响

思想政治教育过程就是教育者与受教育者及工作环境之间信息的流通过程。[①] 教育者与受教育者在这一过程中接收和发出的信息以具体环境为纽带进行传递，互联网的发展使得人类社会的宏观环境发生改变，如生活方式、价值观念和思维方式等，进而对高校思想政治理论课的教学环境产生影响。一般情况下，高校思想政治理论课的教学容易受到社会、学校、家庭等环境因素的影响，而在互联网时代，信息环境占据了人们生活的方方面面，数据、图片、文字、视频等各类形式在微场域中高速传播，使外在的社会环境由现实环境向虚拟环境转移。互联网的发展给人类社会带来了虚拟的新环境和新空间，也从外部给高校思想政治理论课环境的变革施加压力，现实与虚拟双重环境的叠加和交融使高校思想政治理论课面对的外在环境更加复杂。相较于现实环境的真实性和稳定性，信息传播的瞬时性和高速率为虚拟环境添加了无数难以捉摸、无章可循的活跃因子，使虚拟环境充满了未知性和不确定性。

（二）教学环境面临互联网带来的消极影响

互联网改变了人们获取知识、信息的方式，学生学习知识、分享心得、共享资源等活动不再完全依赖于课堂教学来实现，教学过程不再拘泥于固定的室内空间，传统上处于同一时空、同一场域的教育者与受教育者之间的教学互动，已经延伸至互联网环境的两端，教育者与受教育者之间借助手机、电脑等移动客户端实现信息互通和知识传递，完成预设教学目标。互联网带来的这种教学环境由原本的相对封闭向自由开放转变的趋势，在一定程度上会对内在的教学环境造成冲击。内在的教学环境可以理解为狭义的教学环境，包括班级规模、座位模式、班级气氛和师生关系等对班级教学构成影响的各种因素。传统的高校思想政治理论课教学有一定的班级规模和座位模式，一般以 45 个人的小班教学或者 90 人的大班教学为合适规模，必须在教室范围内进行课程学习。这种方式经过长期实践证明是科学有效的，基本上能够保证学生的学习时间，有一定的控制性和约束力。而互联网为学生营造的虚拟环境，则无法真实地反映学生的学习情况，缺乏硬性的要求和管束，可能导致学生在虚拟环境中难以自制，使其借助虚拟环境的隐蔽性和开放性去做一些与课堂学习无关的事情。互联网带来的虚拟教学环境与传统意义上的现实教学环境相比，可以营造更加活跃的课堂氛围和更加和谐的师生关系，但随着互联网时代的快速发展，课堂氛围如何活而不乱、师生关系如何亲密

---

① 刘新庚. 现代思想政治教育方法论 [M]. 北京：人民出版社，2006.

有间，可能还需要反观传统的教学环境，从中寻找合适的解决途径。

（三）家庭环境面临不良因素的负面影响

在家庭环境中，家庭成员的思想直接影响着学生的思想，家庭成员中要是存在推崇西方文化思想的人，久而久之，在其熏陶下，意志不坚定的人也会变得一起崇拜西方思想，忽视中国传统思想、文化。在这样的家庭环境中成长的人，甚至会慢慢认为自己不再需要中国传统文化。另外，家庭成员的行为也会影响着大学生，学生最先接触到的就是家庭教育，如果家庭中有成员定期参加各种宗教聚会，甚至参加封建迷信的活动，并向其他家庭成员传播这种思想，就会使他们丧失对思想政治教育的学习兴趣。

二、教学理念方面

对教育本质和教育价值的质疑，如"什么是教育？为什么要教育？怎样教育？"，无疑进一步拷问世人。在对"未来教育何去何从，如何改变"这个问题的探索中，教育理念无疑首当其冲，成为绕不开的话题。教学理念的落后才是真正的落后，理念影响思政课教学，因此更新思政课教学理念对于当前高校思政课教学的发展至关重要。教育理念的现代化是教育现代化的灵魂，教育理念的转变对制度的转变和内容方法的改革起到了促进作用。纵观我国教育史，以孔孟为主的儒家思想及其衍生出的教学理念、教学模式延续至今，影响着一代又一代学者。清末民初民智开展、眼界拓展，国民睁眼看世界，开启了由"器物"到"制度"到"思想"的学习，人们开始引进西方教育制度，教育内容也借鉴于西学，而教育观念却未曾改变。随着朝代更迭，世人对于教育理念的探索脚步却较为缓慢，根深蒂固、长期积淀的教学理念潜藏在人们头脑之中，难以动摇。而"互联网+教育"理念的问世，势必会对传统的教育和学习模式造成冲击，师生关系面临新一轮挑战。在个性化、互动性、开放性的"互联网+教育"大潮下，部分教师存在畏难情绪，在传统教学理念的影响下依旧采用传统教学模式，影响了高校思政课教学的创新性发展。

三、教学模式方面

（一）教学模式陈旧

事物只有不断保持更新换代，才能不被历史潮流所埋没，诸物皆如此。目前，思政课教学模式主要沿袭以往，其教学模式主要包括：填鸭式、陈述式、应试式、题海式、放羊式等。这些教学模式存在诸多弊端，在"互联网+教育"的时代背景下，显然已经跟不上时代步伐，难以迎合新时代求新、求异、求趣的学生心理需求，其势必会使学生产生厌学、弃学等不良心理。学生在这些传统教学模式的课堂上，完全失去了求知学习的兴趣，造成教师课上讲的是一套，学生底下学习的又是一套，出现"教者谆谆，学者渺渺"的场景。

传统教学模式普遍存在一个现象，即并未真正贯彻"以人为本"这一教学理念，在思政课教学的过程中，教师常常忽视学生的创造性、求知性、求异性。同时，这种教学模式也未能时刻把握学生学习动态、及时掌握学生的心理，易于将学生"边缘化"。这些陈旧的教学模式已严重影响高校思政课的教学质量。

（二）教学主渠道弱化

课堂教学作为传统的教学方式，一直以来都是高校思想政治理论课教学的主渠道，教师根据现有的教学内容和预设的教学目标，把控教学进程的绝对主动权，向学生传授备好的知识内容并视现实的课堂情况进行适当的知识拓展。伴随互联网的发展，海量信息以其在数量和速度上的绝对优势冲破了课本教材和传统课堂的限制，给大学生带来了全新的学习体验。受教育者可以通过各种移动设备随时随地联网触网，根据自己的实际需要在海量数据中获得丰富的教学资源，也使课堂教学的主渠道地位略有弱化。获取知识的途径多样化使课堂教学在整个教学活动中所占的比重降低。

过去教师为学生规划的"课前预习—课上听讲—课后作业"的线下教学模式现在完全可以转移到线上教学模式去完成，学生可以在线上提前预习学习提要，并进入线上教学模式中听取自己想要了解的模块，根据自身的接受情况进行学习进度的调节和重难点内容的回放，线上的课后作业可以由教师在最短时间内进行批改和评价，让学生及时反馈、及时反思，迅速巩固所学知识，逐个击破重点、难点。线上教学模式虽然不能完全替代传统的课堂教学，但其个性化的设定和开放性的模式已经得到大众认可并得到一定推广，这会弱化传统的课堂教学在高校思想政治理论课中起到的重要作用。伴随着线上数据信息无限性和教师知识储备有限性之间的矛盾激化，学生更容易对海量的数据信息资源产生依赖，长此以往会对课堂教学主渠道失去期待和兴趣。

（三）实践教学虚化

高校思想政治理论课实践教学是在课堂教学的基础上进行的一种教学形式，

通过多种实践形式深化课堂教学中学习的知识和内容，帮助学生学思结合、知行统一，更好地内化和理解课堂教学中所学的知识。实践形式多种多样、内容丰富多彩，可以依据现实条件和实际需要选择在校内或者校外开展，比较常见的有带领学生参观博物馆、纪念馆、展览馆；邀请相关领域的专家学者就相关主题作主题报告、开座谈会、举办各类讲座等；引导学生亲力亲为，亲身实践，深入社会基层参与社会调研、从事形式多样的志愿者服务活动；等等。实践教学的开展能够在高校思想政治理论课教学中发挥独特的作用，但也存在一系列问题，如经费保障不够、重视程度不够、内容形式固化等。实践教学本身亟待解决的难题加上大数据推进的线上教学的冲击，使实践教学的开展压力重重。线上教学除了以音视频形式进行课堂内容的同步讲授外，也有一些关卡任务的设置，需要学生通过完成相应的任务进行打卡或者获得积分，并达到一定的额度，以表示这一阶段学业任务已完成。当前，在虚拟网络中已经出现了类似于实践养成类的公益活动，如捐献每日步数为贫困山区的孩子筹款、开启蚂蚁森林积累绿色能量种植树木领取环保证书等。这类虚拟空间内的实践活动也带有公益性的实践性质，而且具备形式新颖，耗费较少人力、财力、物力的优点，它是对现实空间中的实践教学的一种补充，但也会潜移默化地让受教育者甚至教育者逐步倾向于此类成本低、效率高的实践形式，从而虚化真实生活中实践教学的开展。

四、教学载体方面

（一）教学载体滞后

充分利用载体，发挥其媒介作用是高校思想政治教育传播教育内容的重要手段。因此，教学载体在整个教学过程中起到了连接教学各个环节、连接教师与学生的重要作用，是不可缺失的要素。那么，能否充分发挥载体在知识传播中的媒介作用，对于高校思想政治教育的实效性就显得至关重要。然而，教学载体的运用在我国高校思想政治教育中存在一些问题，导致其应有的作用未得到充分发挥，主要表现在以下三方面。

第一，互联网技术的发展与普及为高校思想政治教育教学载体提供了新的方向，但高校思想政治教育互联网教学虽然起步很早，却没有形成互联网教学系统的整体性设计，只是建设、开发了一批精品课程视频，距离形成教学过程还有很大差距。此外，教学过程中也没有利用互联网的交互性弥补"教"与"学"在传统课堂上缺乏沟通互动及学生之间交流讨论较少的不足，高校思想政治教育教学载体的运用严重滞后于技术的进步,直接影响了高校思想政治教育的发展。

第二,利用多媒体教学在高校思想政治教育中已被推广很多年,但部分老师只是把传统课堂黑板上的内容搬到了幻灯片上,认为能这样就可以吸引学生的注意力,帮助他们更有效地学习课堂内容。实际上,大多数学生容易把注意力放在案例和图片上,反而使他们忽略了真正的课堂内容,一部分学生仍然像在传统课堂上一样记大量的课堂笔记为考试做准备,教学载体的变化并没有带来教学效果的提高,甚至因此导致思想政治课堂不能突出课堂内容,影响教学效果。

第三,与现代新兴技术融合度不够,主要体现在两个方面。一方面,近年来,现代技术在教育应用中较为广泛、发展迅猛,产生了如教学设计技术、教育决策技术、教学工具开发技术、教学资源利用技术、教学活动管理技术、教学成果评价技术等,由于这些技术刚刚起步,与思想政治教育教学的衔接程度还不是很高,目前还不能简单、方便地满足思想政治教育教学工作需要。另一方面,技术创新水平不高,与思想政治教育内容的契合度不高。现代技术创新水平不高,还不能普遍适用于思想政治教育教学工作,存在现代技术盲目使用或者滥用的情况,无法与思想政治教育内容相契合的问题,不能有效激发高校学生学习思想政治教育课程内容的兴趣和积极性,课堂教学效果不尽如人意。

(二)现代教学技术的负面影响

1. 摈弃了人文关怀

现代教育技术已为教育的进步作出了巨大贡献。但是,它在推动教育进步的同时也引发了一系列的负面影响。首先,现代教育技术疏远了人际关系。长期以来,我国部分高校思想政治教育工作者只重视现代教育技术的应用,忽视了传统教学方法的人文教育,疏远了师生间的距离。其次,现代教育技术弱化了人的潜能。科学技术的迅速发展带动了现代教学硬件的创新发展,教师只重视现代教学硬件使用,忽视了思维能力的主观能动性,长期下来教师的思维能力得不到发展。最后,现代教育技术干扰了学生的学习兴趣。现代教育观念中,"教"与"学"两者是相互联系且不可分割的一个整体,但现代教育技术只重视教师的"教",而没有充分考虑到学生的"学",只是方便了教师的教学工作,而是忽视了学生的学习兴趣。

2. 忽略了精神传承

高等院校对学生在人格与精神方面的影响和学生在个性、情感、合作等多方面品质的发展息息相关。而现代教育技术过分强调甚至完全依赖现代教育技术的作用，忽略了学科特点和专业性，只是依赖于现代教育技术所固有的方式方法，忽视了学科的特殊性和学生的差异性，局限了学生的思维方式和创新精神的发展。

3. 扩大了数字鸿沟

现代教育技术的迭代发展促进了教育观念的转变、教学模式的转换、教学过程的创新、教学手段和方法的变革、信息技术与学科课程的有效整合。现代教育技术在教育中的优势凸显，拓展了学生的眼界，提供了理想的教学环境。但是由于城乡网络基础设施建设和教育技术使用的差异，信息富有者和信息贫困者之间的差距进步增大，扩大了教育的数字鸿沟。尤其是在疫情防控期间的在线教育中，我们可以发现，城乡学子在互联网的基础设施和设备条件、对在线教育的掌握和理解等方面都存在巨大分化，而这也直接导致了城乡学生获取知识的数字鸿沟进一步扩大。

（三）教学载体较为分散，整合性差

当前高校普遍较为重视网络载体、校园文化载体及社会实践活动载体的建设，但建设成效与其重视程度并不相当，这是由于教学载体过于分散、缺乏系统整合性。例如在思想政治教育教学活动中，教师还是倾向于运用传统的思想政治理论课载体进行知识传授，再加上教学方法和手段较为单一，且不注重与其他教学载体的融合，使大学生处于被动地位，进而产生排斥心理。在这种情况下，即使高校再重视思想政治理论课载体的建设，也难以使其价值作用得到充分发挥。相反，如果能将课堂载体与网络载体充分结合，在思想政治理论课载体的基础上，充分利用网络载体，制作内容丰富、引人入胜的多媒体课件来吸引大学生的注意力、调动其学习积极性，或者是将校园文化载体与课堂载体相结合，将在课堂上传授的思想政治理论知识寓于校园文化活动当中，及时运用校园文体载体进行巩固，这些都有助于提升思想政治教育理论课教学的效果。

五、教学方法方面

（一）未能体现个性化教学

传统的思想政治理论课教学是在封闭的环境下，由上而下层层传递信息来进行教育，学校把教育内容信息传递给教师，教师再把信息传递给学生，学生被动地统一接收老师所讲授的内容。其授课方式也是"一刀切"，教育方式单一，教

师为上课主体，对着学生讲教材，或者放一些图片或者视频，老师不管学生记住多少，依然按照自己的教学进度进行讲授。但是现在的大学生多是"95后"和"00后"，他们大多是独生子女，衣食无忧，这使得他们的自我意识很强。而且他们出生在网络高度发达的泛娱乐化环境下，各种消息成井喷式向他们袭来，因而可以选择的信息有很多。在这样环境下成长起来的大学生，他们个性鲜明，有自己独到的想法。而传统教学没有突出对当代大学生的因材施教，所以他们很难适应这种统一而枯燥的教学授课方式。这样的情况对高校思想政治教育来说是严峻的考验。

（二）教学方法缺乏创新

教学方法的单一、缺少灵活性会影响思想政治理论课教学效果的发挥。教师单纯地对知识进行整理、归纳，再将知识原封不动地传递给学生，导致学生体会不到自己学习探索的快乐，即便是学生理解了所学的知识，但没有自己深入研究，也只是停留在表面的认识，长此以往，甚至可能产生厌烦的情绪。教师不能根据学生的实际情况对教育方式进行变通，而学生自身所具备的理解程度、思想底蕴各有不同，能够接受知识的程度也不相同，采用同一种教育方法是不可行的。因而教师在面对不同的学生时，要因材施教、分层次教育。灌输式的教育方法，只是教育工作者将知识单方向地输出，没有学生的沟通反馈，学生不能参与其中，势必也会让学生的学习积极性减退，也无法满足不同学生的需求，制约了思想政治教育教学的发展。

采用合理的教学方法，是完成教学工作的重要手段。当代社会已经步入信息全球化时代，互联网作为一种新的生活方式深刻影响着我们，移动媒体、人工智能、AR技术等新的信息技术不断深入渗透到人们的日常工作、学习和生活，智能手机几乎成为人们的生活必需品。人们在日常使用智能手机等进行沟通、购物、浏览阅读和自主学习，而应用在各个行业的机器人和虚拟电视主播更是屡见不鲜。这都表明互联网和移动智能已经普及到人们的生活中。互联网技术的普及，使得传统教学模式在思想政治教育中的主体地位被打破，单一的课堂教学和灌输式教学方法，已经不能完全适应时代发展的需要。如前所述，目前的大学生主要为"95后""00后"，他们成长在这个网络媒体发达的信息时代，每天接收大量新闻、娱乐信息，所以传统的思想政治教育观念、教学方法对于长期在网络化环境生活和学习的大学生来说有些枯燥或者是滞后。随着时代的进步，个性化、多样化发展成为大学生成长成才的新趋势。因此，在思想政治教育中，老师需要不断地改善教学方式和创新教学方法，高校的思想政治教师也应该与时俱进，改变传统的教学方法，把网络教学、移动教学、互动教学、虚拟教学运用起来，加强师生间的互动交流，打破传统的局限于固定时间和空间的教学，针对当前大学生在成长中遇到的思想困惑给予正确的解答与引导。

由于思政课课程内容的理论性较强、教师队伍人才比较短缺、思政课教师教学任务比较重，导致课堂教学依然以课堂讲授为主，以轻实践、重灌输作为主要的教学模式。案例式、讨论式和翻转课堂等新兴教学模式运用不多。

课堂讲授虽有观点明确、条理清晰、易于教师把握授课节奏等优点，但是，由于思政课课程的理论性、政治性较强，仅依靠课堂讲授容易引起学生的排斥与反感。在这种形势下，以课堂讲授为主的教学方式，已不能较好地满足大学生个性化与多样化的学习需求。思想政治教育方法若层次不清、对象不明而实行"一刀切"、灌输式的教学方法，既不利于完成思想政治教育任务，实现思想政治教育目标，从长远看也难以培养出合格的社会主义建设者和接班人。

因此，教师只有采用多渠道、多形式的教学模式，创新教学方法，才能进一步提升思政课的教学效果。从而较好地调动大学生的学习积极性，提升他们的课堂参与度，增强实效性，把思想政治教育的目标逐步内化为大学生的主体意识和行为规范。

（三）教学方法缺乏平等性和互动性

"尊师重道""师道尊严"的观念在我国传统文化中根深蒂固，虽然这种观念有一定的优点，但过于重视教师的主导作用容易造成学生主体性丧失。思想政治教育教学活动中同样也有相似问题。当代大学生相比以往任何一个时期都渴望获得主体性，能够平等地与思想政治教育者进行对话、互动、交流。思想政治教育者居高临下、严肃而缺少亲和力的形象，已经不能适应当代大学生的需要。

（四）教学方法实效性有待提升

实效性的提升是任何一门学科教育的终极目的。传统思想政治教育方法只是依据既定的计划和目标对受教育者进行培育，这种带有刻板性、创新性不强的方法，会在一定程度上降低思想政治教育成果的实效性。信息时代发展过程中，人人都是信息的接收者，同时也是信息的发布者。互联网有着巨大的包容性，既自由、美好，同时又混杂着色情、暴力等庸俗内容。网络信息鱼龙混杂、良莠不齐，当代大学生受到年龄、心理、生理等影响，对网络信息的辨别和选择能力较差，由于网络门槛低，个体也拥有了信息的话语权，这都加剧了不良信息内容的滋生和无序，更加影响了高校思想政治理论课教学的实效性。

六、教学内容方面

（一）教学内容发展缓慢

当前，高校思想政治教育的教学内容仍未让人满意，缺乏创新，导致高校思想政治教育很难有的大突破。其内容上的困境表现在以下三方面。

第一，高校思想政治教育课程改革取得的大量经验依然没有形成理论化的成果。课程内容改革依然缺乏对新时期学生的吸引力，整个高校思想政治教育教学内容的发展没有成熟的理论作为指导，因此，很难有大的作为。

第二，高校思想政治教育的教学实践内容不够、缺乏实践性。思想政治理论课上，学生学习了理论部分，但这是只是基础，把理论知识通过实践转化为行动才是学习的关键。因此，高校思想政治教育内容不只是理论学习，实践活动才是最有效的学习，只有通过实践检验形成的实践经验，才能更好地被学生掌握。高校思想政治教育教学内容的发展中存在课程内容缺乏创新性、对新时期的学生没有吸引力、"教"与"学"缺乏相应的沟通、教学实效性差，教学内容缺乏实践部分，等等问题，缓慢的教学内容发展制约了高校思想政治教育的发展高度。

第三，在教学资源方面存在匮乏的问题，不同学科、不同区域之间的高校教学资源配置相差悬殊，这势必导致教育资源的分配不均。部分高校思政课教学资源在校内、高校之间分配不足，缺乏雄厚资金支撑、缺乏领航专业人才、缺乏高校之间的良性互动，闭门造车发展缓慢，难以实现线上线下协同发展。

（二）教学内容更加复杂

在大数据的影响下，海量数据为高校思想政治理论课带来丰富教学资源的同时，也加剧了高校思想政治理论课教学内容的复杂程度，体现为关键内容的甄别困难、无用内容的堆积及恶性内容的潜隐所带来的复杂性挑战。巨量的信息会带来无用信息的大量堆积，对这些无用信息的合理化处理使数据采集和数据分析变得复杂，人们不仅需要从大量信息中剥离出有益信息，还要将无用信息进行剔除，这些都需要运用大数据复杂的算法技术，而最终甄选出来的信息内容是否真正与高校思想政治理论课内容中涉及的相关主题相符合，也需要进行进一步的匹配和比对。大数据因其数量巨大，导致数据价值的分布密度较低，存在一定的潜在隐蔽性。瞬时更新和高速流动的信息资源能够在虚拟空间留下痕迹，也可以选择藏匿和夹杂在关键内容之中，暗含一些不良甚至不法信息，混淆接触者的视听，而恶性内容的潜隐一般是很难被发现和识别的，人们很有可能被其利用而浑然不知，因此高校思想政治理论课教学内容在大数据的影响下愈加复杂。

（三）教学内容缺乏时效性

思想政治理论课的教学内容主要以国家指定的教材体系为主，部分地区和学校也会结合自身的特点加以补充。在教育过程中，思政课教师的教学活动也主要围绕既定教材展开。有具体的教学大纲与教材依据对于学科发展本是相对优势，然而，思想政治教育工作本身有其特殊性，如何把教材内容与社会现实和时事政治相结合，充分发挥其教育内容的印证性和时效性功能，这些都对思政课教师提出了更高的要求。现实情况是：虽然绝大多数教育教学工作者在教学实践中能够按照教学要求，保质保量地完成教学任务，但由于各种因素的影响，部分思政课教师的教学内容时效性还有待加强，尤其是部分施教者出现了教学思维固化、教学内容僵硬的现象，甚至出现了个别不负责任的教师将教学课件"反复使用"的情况，其教学课堂毫无新意。

思政课教师如果不能真正做到备学生、备时事、备大量相关知识，教学过程中仅依靠划重点、讲知识点、讲教材来完成教学任务，学生也只是单方面被灌输教学内容，那么思想政治教育教学过程将失去活力和其应有的魅力，更谈不上使学生有思想政治教育获得感。这种问题一旦发生，学生最常出现的情况就是低头不语，甚至做些与教学无关的事，而这种"沉默的反抗"情绪也必将传到思政课教师那里，使得思政课教师失去教育的热情，更加粗略地备课施教，进入一种恶性循环，从而导致大学生在思想政治教育学习中的获得感大大降低，不利于思想政治理论课教学的开展。

当然，这一问题的出现也不乏一些特殊原因：部分思政课教师不愿分析当下社会存在争议的热点问题及相关道德问题、敏感的时政问题，可能也存在"不讲就不会出错"的心理。然而，越是存在争议的问题，思政课教师越是应该以坚定的政治立场为基础，敢讲会讲，甚至可以用自身的知识和魅力征服学生，以此体现思想政治教育的魅力。争议在蕴含危机的同时往往也蕴含着走进学生心里的机遇，从某种程度上来说，对于这些问题的有效解读才是提升学生思想政治教育实效性的最佳切入口。对于学生关心的问题、感兴趣的问题，思政课教师不仅不应该回避，反而应该予以合理的解答和引导，让学生真正感受到课程与现实的紧密结合，拥有正确的价值判断和选择。当然，要想给出令学生信服的解释，需要思政课教师在平时不断地学习，通过大量的观察、学习和阅读积累来实现既定目标。这对思政课教师提出了很高的要求，在现实教育过程中，确实也有很多施教者并不能够充分做到。

（四）教学内容核心焦点分散

高校思想政治理论课承担着对全体在校大学生开展系统的马克思主义理论教育、传递社会主义意识形态的重要任务，其内容设置系统严谨、重点内容突出明了，在不断地创新、改进中愈发成熟。随着互联网的发展，大数据的冲击使学生对核心内容难以聚焦，从数量上看，互联网带来的海量数据信息淹没了课堂学习的知识信息，学生接收到的非核心内容不计其数，大量相关度不高的周边信息充斥着学生的大脑，可能会导致其难以辨别而产生迷茫；从包装上看，互联网挟裹而来的海量信息往往包装精美，通过新鲜的文案标题、奇异的语言表达或者独特的结构形式进行传播，更容易夺人眼球，吸引着大学生不自觉地向其靠拢而忽视其内在的本质内核；从结构上看，高校思想政治理论课教学的内容完整、科学而且系统化，需要经过长期的学习才能理解和把握，而互联网信息则碎片化、零散化、更新速度快而且容易理解和接受，学生更乐意花费短暂的注意力去关注短小精悍的内容，而不愿花费大量的精力学习和分析完整系统的课程内容，长此以往容易导致本末倒置、喧宾夺主。如果我们对纷繁复杂的互联网信息投注过多的关注力，反而会分散高校思想政治理论课教学内容的核心焦点。

（五）内容接收的有效性变弱

便捷的移动网络设备、全覆盖的网络生活空间，使当前许多大学生已经过上了"机不离手""一机在手，天下我有"的日常生活，他们每日耗费大量的时间在纷繁复杂的数据流中穿梭流连，获取各类信息，这在很大程度上冲淡了课堂学习的效果，甚至会大量覆盖思想政治理论课上学习的知识内容。互联网的发展在一定程度上削弱了学生对高校思想政治理论课教学内容的有效接收，课堂上，大学生被网络信息巨大的"魅力"所吸引，纷纷沦为"低头族"，无法充分实现课堂学习的预期效果；课堂外，也鲜有大学生能真正利用大数据资源进行知识拓展学习，而是将大量精力投注于休闲娱乐的相关板块，学习成效更难保证。另外，互联网时代海量信息鱼龙混杂，许多学生凭借一己之力难以判断和甄别信息的真实性和可靠性，开放而自由的数据信息中不乏西方价值观的渗透和涌入，西方国家能够利用其显著的科技优势对外输出其意识形态，会在无形中干扰学生的价值判断，使学生对现有的思想价值观念和主流意识形态产生认同困境。

七、思政教师方面

（一）思想固化

习近平总书记指出：办好思想政治理论课的关键在教师，对教师提出了政治要强、情怀要深、思维要新、视野要广、自律要严、人格要正的素质要求。[①]但是，当前个别高校思政教师在教学中依旧是照本宣科，上课就是读教材、读PPT。这表明还有一些高校的思政课教师存在思想固化的问题，没有及时更新自己的思维方式、更新自己的教学模式，没有跟上时代的步伐。高校的思政课教师也要不断学习，更新思维方式，学无止境，要时刻抱有学习的热情，主动学习，不断提高充实自己；要学会使用新的网络科技、新媒体技术，紧随时代形势、紧跟时代步伐，坚定地与国家的方针、政策、路线保持一致；不能故步自封，满足于已有的成绩，要在眼界上、思想上、知识上、技术上不断开阔自身视野，这样既增强了自身的实力和素质，又可以通过提高自己带动学生，引导学生不断学习、向前发展，实现思想政治教育成果的提高。

（二）行动虚化

高校思政课教师中不乏优秀的教师，他们把理论与实际相联系，不断更新自己的教学内容与授课方式，使思政课更受学生的欢迎。但是，目前高校的思政课教师队伍中，教师的素质参差不齐，个别高校的思政课教师在进行思想政治教育时行动虚化，虽然观念转变过来了，但是在行动力上还稍有脱节，不能紧随时代的步伐，授课方式与授课内容枯燥、老旧，未能精准地传递或者是落实国家的意志。思政课教师是连接广大大学生与党和国家的最直接的纽带，是培养大学生社会主义核心价值观的引路人，起着至关重要的作用。所以，高校思政课教师的素质水平直接关系到我国高校大学生的思想政治教育的教育效果。

（三）对新技术的认知和掌握程度有限

虽然互联网技术的迅速发展推动了现代技术在思想政治教育工作中的广泛使用，但部分高校学生不能充分运用新媒体技术进行学习，知识储备不足、基础较差，因而对思想政治理论课教师讲授内容的掌握较为困难；有些高校图书资料比较短缺，查阅资料较为困难，网络学习资源较少。这些都会影响高校思想政治理论课的教学效果，进而导致高校学生思想政治教育成效低下。

---

① 习近平：用新时代中国特色社会主义思想铸魂育人 贯彻党的教育方针落实立德树人根本任务 [N]. 人民日报，2019-03-19（01）.

（四）未能真正贴近教育对象

1. 缺乏与教育对象课后的交流与引导

首先，从知识引导的角度出发，大学生思想政治教育的确可以以一般课堂教学为主，但是，教师在课下也很少布置作业。这就导致了学生接受思想政治教育的时间仅仅被局限在思政课的课堂上，而自主学习和教学完成后的理论联系实际这两个重要过程却被忽视。教育前和教育后的交流不足，会使教育对象在生成获得感的过程中缺乏足够的支持与鼓励，进而影响受教育者获得感的生成与稳固。

其次，从情感因素的影响角度出发，思政课教师与教育对象的交流不足，难以切实关心学生的日常生活，不能够给予学生充分的关爱，更不能够帮助学生建立理论与实际的联系，无法实现思想政治教育教学过程中关于隐性教育这一重要要求。思政课教师需要明确情感和态度也是思想政治理论课教学培养的重要目标，这一目标的实现不应该仅局限在教学过程中，而是要求思政课教师在其进行思想政治教育的全过程中更加贴近学生。教师要用其自身的人格魅力、自身的行为去感染学生、打动学生。如若不然，会导致表面看教学任务是按计划完成了，但遗留的问题的影响依然会进一步扩大，甚至会使教师与教育对象之间缺乏真正的情感联系和信任，使受教育者对于教师的教育行为和内容接受程度大打折扣。

最后，从价值观形成的角度来说。稳定且成熟的价值观的形成需要长时间的沉淀和积累，在这一过程中，需要通过实践对所接收的内容进行反复的验证。而当教育对象面对社会中存在的一系列复杂的问题时，恰当的引导就成了十分必要的因素。可惜的是，这种契机没有固定的时间和规律，需要思政课教师与受教育者保持良好的沟通和交流，才有可能在价值观形成并验证的关键时刻及时把握方向。可实际情况是部分高校的思想政治教育工作者因自身和学校教学体制的问题，还难以达到这些要求。

2. 忽视对教育对象的思想引领、成长帮助

从教师评价体系的角度出发，现在很多高校都将教师的科研成果直接与教师职称等相关利益挂钩，虽然这项评价体系的初衷是鼓励教师开展科研，然而，在现实中也出现了部分教师过分重视自己的科研成果，忽视学生教育的情况。这些教师的共同特点是：把绝大部分课后时间全部用于科研，用于准备学科教学和学校教育的时间相对就会减少。这使得思政课教师不能够保证足够的时间去备课和了解学生，因材、因地、因人施教成为一种有心无力的无奈。当然，学科领域内的科研成果也会对教学的进步起到一定的辅助和促进作用，然而如果背离了"以

人为本"的初衷，那么这些科研成果的价值也将大打折扣，最终也会影响到思想政治教育获得感的生成。教师，尤其是思政课教师，要明确思想政治教育的教育成效的取得有其特殊性，需要将教育融入学生在大学学习和成长的全过程，这其中，合理的科研只是该工作的一部分。思政课教师必须合理分配时间，避免混淆主次矛盾，更需要明确立德树人才是教育的关键核心，是他们无可推卸的责任和必须完成的任务。因此，思政课教师切忌颠倒主次矛盾造成对学生的忽视、对教学的轻视、对本职的失职，继而导致一系列相关问题和矛盾的出现。思政课教师的成就感很大一部分来自受教育者的信任和肯定，而本末倒置的错误做法最终将使学生失去对于思想政治教育应有的热情和信心，最终也会对教师的长远发展产生有害影响。

八、教学对象方面

（一）教学对象思想多元化

高校是社会思潮传播的重要场所，是各类价值观和意识形态汇聚的重要阵地。近些年来现代化信息传播技术的快速发展，对传统的广播、电视、新闻媒体造成了一定冲击，它以互动性、即时性、个性化、成本费用低、权利平等性及多元化等传播优势，承载着各种参差不齐的思想文化，在各种形式的平台进行全面扩散和传播，形成一种良莠共存的局面，使受教育者每时每刻都面临着不同的挑战。大数据时代，各方面信息传播速度比以往任何时候都快，不同思想理论观点的交流越来越频繁，受教育者面对着现代技术平台的海量信息，这中间包含着一些错误不当的观念，对于心智尚未成熟的高校大学生来说，无疑增加了他们选择正确信息的难度，极易被不良文化所诱导而迷失价值方向，无形中影响了他们价值观及政治立场的选择偏好，部分大学生甚至对高校思想政治理论课产生了质疑。这些都阻碍受教育者思想政治素质的提升和对其思想行为的正确引导。

（二）教学对象认知不足，缺乏主动参与

当前，大学生对于思想政治教育虽有一定认知，但在认识深度和完善度方面仍有不足，这主要表现在两个方面。第一，对于思想政治理论课教学的作用和目的认知不足。其中，极少部分大学生对其地位和作用认识错误，例如认为其只是理论灌输，没有任何实际作用，没有学习的必要；绝大部分大学生对其认知不充分，例如认为其会产生一定的情感共鸣，但用处不大，可学可不学。第二，对于自身

在思想政治教育教学活动中所扮演的角色认知不足。部分大学生将自己视为单向的理论接收者，几乎甚至从不参与思想政治教育教学活动；部分大学生表示有机会，但却不怎么参与思想政治教育课堂教学；而在对于社会实践活动、校园文化活动等日常思想政治教育的活动，经常参与的大学生也只是很少的一部分。由此可以看出，无论是通过传统的思想政治理论课，还是较为开放、活泼的实践教学活动形式，大学生的参与情况均不乐观。这一问题的存在影响着大学生对于思想政治理论课学习的态度，影响大学生的学习兴趣和参与积极性，进而阻碍思想政治理论课教学的实效性。

（三）教学对象存在差异性

首先，一部分大学生的价值取向趋向功利化。在实用主义和功利主义价值观的影响下，一些大学生选择学习专业课程和实用型的课程，而对思政课课程关注较少，觉得学习思政课对于今后的工作、生活中发挥不了什么作用。有的大学生十分务实，看重经济利益，只学习自己认为有用的课程，觉得学习马克思主义理论没有用，不会主动接受思想政治的理论基础教育。部分学生对高校思想政治教育的作用持怀疑态度，这种态度必定会降低其对思政课的学习热情及认同度，而这些源于他们自身的思想政治素质不够高。

其次，一些学生存在严重的逆反心理。逆反心理最突出的表现形式就是对事物有一种消极、抵触的情绪，常常持否定观点。还有的同学，因为不喜欢某一个任课教师，出于个人偏见呈现出对马克思列宁主义盲目抗拒、排斥，敬而远之的态度，却崇尚西方社会主义思潮，对这类书籍有着浓郁的阅读兴趣。部分学生的逆反心理来源于对思想政治教育的消极刻板印象，而周围同学的抱怨，也会对其产生影响，随着时间的推移，他们就会不知不觉地被带入一个消极的环境，从而对思想政治教育产生偏见。

最后，一些学生辩证思维能力不强。尽管当代大学生思维敏捷，勇于创新，能独立思考。但经验研究不足的他们在看待一些问题时也无法纵观全局，只能简单、片面地进行理解，容易被偏激的思想所误导，思维辩证分析能力不强。在不良思想的侵蚀下，部分学生盲目地追求资产阶级民主的思想和价值观。有的同学对待问题"杀伐果断"，但容易轻率地做决定。有的同学容易接受新事物，但由于缺乏独立的判断，很容易任其左右思想。

九、教学评价方面

教学评价主要包括两个方面：教师教学质量的评价和学生学业成绩的评价。在当前形势下，思政课教学评价存在两个比较大的问题：一是过于重视学生成绩数据，弱化了对教师教学质量的评价；二是对学生学业水平评价指标单一且不合理。

一方面，在教师教学评价上过于重视学生成绩数据，弱化了对教师课堂教学的评价。在当前的评价体系中，高校对教师教学质量的评价主要是参照教师所教班级学生的成绩来判定，这样容易造成部分教师为了提高自己的"教学质量"，在学生学业考核上适度"放水"。这样容易使教师在上课过程中的"敷衍"态度，影响课程教学效果，产生"水课"。

还有部分高校把学生的出勤率、参与率作为教学评价的重要参考因素。当然，参与学习是学到知识的前提，不参与、不出席，便谈不上学习，把出勤率作为考核指标之一，这无可厚非。然而，这种出勤或是参与是否真正有效，是否能够达到参与的效果，是否能真正实现参与的目标，都是我们必须思考的问题。因此，高校可以把出勤率和参与率作为思想政治教育成效的评价标准之一，但其评价应该是更具体、更客观的，避免出现部分高校思想政治教育的评价困扰——人到即得分。

另一方面，学生的学业成绩评价指标比较单一且不合理。在现今学生的学业评价体系下，部分任课教师过于看重学生期末考试成绩，并将其作为评价学生学业水平的主要标准，弱化了对学生其他方面的综合评价，如价值观塑造、课堂表现、实践能力等方面。这样单一的评价指标，容易造成学生只重分数，不重知识的后果。这种单一的评价标准，既不利于提升学生的综合能力，也不利于学生塑造正确的"三观"，从而影响学生学习的积极性和教师教学的实效性。

第二节 高校思想政治理论课教学的改革策略

一、转变教学理念

（一）树立以生为本的教学理念

高校思想政治教育教学理念创新的核心是以生为本。面对新时代和思想政治教育教学新问题的更新，我们必须转变思想政治教育教学观念，由原来的工具性教育转为以生为本。工具性教育理念就是教育工作者将思想政治教育作为一种灌输政治理论的教学工具。以生为本的理念来源于教育的"以人为本",其把尊重大学生放在思想政治教育教学中的主要位置,密切关注大学生的人格完善和心理健康需求。以生为本的理念要求教师不仅要尊重学生,还要满足学生的兴趣爱好,做到真正的服务学生,注重人文关怀和学生们心理疏导,根据每个学生的特点,进行针对性的引导,让学生们得到更全面的发展。

1. 了解大学生思想状况

(1) 独立性与稳定性交融

当代大学生开放的成长环境决定了其思想的独立性。大学生思想的独立性既表现为其富有强烈的批判意识和创新精神,也表现为其稳定的自我选择性,很少盲目认同某种价值观。首先,当代大学生表现出较强的创造力和批判精神,其对于社会生活中新思想、新观点反应迅速,讨厌模式化的教学方式和教条的灌输。相反,其更加喜欢通过独立思考、讨论的方式,寻求思想的启发与碰撞,探索新的发展道路。其次,大学生这种思想独立的特性,也决定了其相对稳定的自我选择性,趋同意识相对淡漠,会根据自己的现实需要选择与自己身心发展特征最为符合的思想理论与价值观念。这就要求思想政治教育内容要更具说服力、教育方式方法更加与时俱进,以使大学生更加认同思想政治教育所传递的价值观。

(2) 多变性与可塑性并存

随着改革开放的深入和科学技术的发展,我国社会主义现代化全速推进,社会生活节奏日趋加快,这种物质生活的变化势必会反映到人们的思想上。而大学生作为"标志时代最灵敏的晴雨表"必然最先受到这一现实影响,在思想上呈现出多变性。与此同时,大学阶段是青年学生对于理论知识、思想观念接受程度最高的时期,其思想呈现可塑性。面对大学生思想多变性与可塑性并存的这一特征,高校思想政治教育工作者既要抵御不良价值观对于大学生的冲击,同时也应抓住大学生思想的可塑期对其进行思想政治教育,促使其形成符合社会主义主流意识形态的正确的价值观。

2. 聚焦大学生现实需要

(1) 知识需要

大学生从中学步入大学,标志着其社会身份开始转变。伴随着其与社会接触的时间增多、频率增高,其渴望了解中国社会发展的最新状况、寻求政治身份认同,找寻自身发展与社会发展的契合点与一致性。而思想政治教育传输的是马克思主义的世界观、方法论的相关知识，中国共产党的路线、方针、政策的相关知识及社会主义道德和法律的相关理论知识，能够满足大学生这一阶段的知识需要。

为此，高校思想政治教育工作者要将思想政治教育的这一特性与大学生的这一现实需要结合起来。一方面，要注重传授最新、最真的思想政治理论知识，客观地呈现当前世界和中国的发展状况；另一方面，应落脚于大学生的实际生活，通过"身边人""身边事"的讲述，将思想政治教育从"天上"拉回"人间"，增强其现实说服力，以期通过思想政治理论的传输不断缩小大学生与社会生活的距离，满足大学生的知识需要。

（2）能力需要

大学生除了渴望习得理论知识外，还有能力提升的需要，如学习能力、生活能力、社会适应能力等。思想政治教育要赢得大学生的赞同，就必须关注大学生在能力方面的需要。高校思想政治教育工作者在进行理论教育时，要突出对大学生能力培养的关注。一方面，要注重挖掘思想政治理论课本身的理论资源；另一方面，在课程的讲授过程中可以通过增加小组讨论、课堂展示等环节来提高学生的学习能力，通过开展实践调研、实践考察等活动来提高大学生的社会适应能力。

（3）社会关系需要

大学生的社会关系需要是指大学生渴望得到他人的关爱与认可，渴望形成良好的社会关系。大学生社会关系需要的形成是由两方面原因决定的。一是大学生作为人的内在需要，大学生作为社会发展中最活跃、最富创造力的组成部分，具有强烈的交往愿望；二是客观条件的推动，随着互联网的发展和现代科技的进步，大学生可以运用的交往形式越来越丰富。高校思想政治教育工作者一方面要鼓励大学生参加积极健康的社团活动，将社团活动作为大学生交流学习的平台和窗口、作为大学生自我教育和管理的有效渠道，通过社团活动增进大学生之间的沟通交流，推动其良好人际关系的建立；另一方面要在各种实践活动中引导大学生树立正确的世界观、人生观和价值观，使其在服务社会的过程中感受到自身价值的实现，从而推动其对自身社会价值的认可，满足其社会关系的需要。

（二）树立双向互动的教学理念

一直以来，高校思想政治教育教学主要采用的是理论灌输法。这种教育方法强调老师的威严与地位至上，学生对教师的话言听计从。这限制了学生的创造性，学生被一味地灌输知识，不去思考和钻研，就不会发现新的问题。我们不能否定这种单方向的灌输法曾经发挥出的作用，但这种理念灌输已经不能满足当代大学生的需求。大学生不再是个被动接受知识的群体，而是渴望参与其中，主动思考并参与研究其中原因。

因此，继续采用单向灌输，只会让学生产生抵触情绪，甚至逆反心理。为了改变这种现状、避免这种事情的发生，就需要我们树立双向互动理念，让学生在教育中变为参与者，可以表达自己的需求和意见，不再是你说我听，而是双方平等，在沟通中拉近教育者与教育对象之间的距离，让教育工作者成为引导者，学生成为参与者，以此来提升高校思想政治理论课教育教学的有效性。

（三）树立实践育人的教学理念

高校思想政治教育教学能够提升学生的思想政治素质，引领学生树立正确的"三观"。我们要让学生的行为与思想道德标准相符合，而不是将理论知识灌输给学生。但是，大部分高校思想政治教育教学的现状是空谈理论知识、不结合实际情况解决实际问题，导致学生理论知识掌握的多，但却无处实践应用。缺乏实践锻炼的学生不会对思想政治教育有深切的体会，导致出现知识与行为脱节的现象，学生们只会纸上谈兵，不具备实践能力。想要解决这类问题，就必须加强实践育人理念，将思想政治教育理论应用到实践活动中，逐渐提升大学生的实践能力。在教学过程中，教师应将理论教育的知识点与学生熟知的人、事、物结合在一起，这样能使学生不再对刻板的理论知识产生距离感，能参与其中、感受其中，并不断提升自己。高校应重视实践活动，定期组织开展社会实践活动，只有亲身参与到活动中，发现问题并予以解决，将所学理论运用到实践活动、人际交往中来，才能更好地转化思想政治教育理论知识。

（四）树立互联网应用的教学理念

虽然部分城市高校已经摆脱了黑板、粉笔的授课方式，改用多媒体，但普遍是单调的课件，还存在教师反复用的问题。教师不及时更新课件、不结合时下最新要点，容易让学生对教学内容失去兴趣，感到枯燥无聊。要想树立互联网应用的教学理念，教师就要充分运用新媒体的力量，将教学与科技完美融合，做到线上线下一体化，实时更新，让学生第一时间掌握新动态、了解新事物，实现与老师沟通零距离。像慕课、微课堂及现在的云课堂的出现，都是教育理念的不断进步所致。

2020年暴发了全球性的疫情，在此期间各个国家相继出台了关于出行的严格规定，小学、初高中和大学也要推迟开学，那是否意味着要暂停学习的脚步呢？事实并非如此，在这种情况下，互联网云课堂就发挥出了它的作用，老师可以在电脑屏幕前进行视频上课，在网上批改作业，学生除了直播上课，还可以自行学习其他的网课。而这一切都源于互联网应用的教学理念。

二、改进教学方法

（一）注重教学方法的多样性和新颖性

教学方法的多样性由教学内容和教学对象的多样性和复杂性决定，因为教学内容和教育对象不同，要求教师必须具备多样的教学方法，然后在此基础上进行合理、精准的选择，最终加以利用，满足不同教学内容和教学对象的需求。思想政治理论课的教学方法有很多，包含讲授法、讨论法、辩论法、案例教学法等，且不同的教学方法具有各自的优点和缺点，并没有一个统一、固定的标准要求教育者在教学的过程中一定要选择其中的哪一种方法。事实上，在授课的过程中，教育者应根据实际情况选择多种方法，配合使用，以达到最好的效果，对于高校思想政治教育活动来说也是如此。此外，教师还要警惕当前片面地贬低理论灌输法和讲授法的现象，认识到理论讲授的基础地位和重要作用，同时也应适度、合理使用理论讲授，谨防陷入"填鸭式"教育教学的陷阱。

与此同时，要想保证教学方法的多样性，教师就应不断创新，紧跟时代的潮流和具体情况的变化，创造出更多、更好的教育方法，因此，教学方法也就具有了新颖性。比如现在互联网发展迅速，所以网络教学法受到了很多大学生的喜爱，在课堂上，教育者可以让多媒体课件"动起来"，通过发射"弹幕"的方式让大学生及时地对教育者分享自己的想法和困惑，这样一来，不仅活跃了课堂气氛，而且能让教育者实时了解大学生对所授知识的理解和掌握程度，以便及时地进行相关的教学调整或补充工作。值得注意的是，教师不能单纯为了"讨好"大学生而过分标新立异，比如有些教育者整堂课都在放电影，从短期上看这样似乎是吸引了学生的注意力，甚至会得到部分学生的喜爱和推崇，但课堂本应该传授的知识却被忽视了，久而久之，大学生学不到知识，教育也就失去了原本的作用和意义。

在本书第一章，已经介绍了一些教学的基本方法，这里，再对一些新颖的教学方法进行阐述。

1. 实践锻炼法

实践锻炼法是由教育工作者发起的，通过学生的积极参与，在实践活动中锻炼提升自身的认知能力和思想觉悟，从而逐渐养成良好的道德思想的方法。简而言之，就是促进受教育者的知行转化。

思想政治教育实践活动有利于提高学生的思想觉悟和认知能力，就是我们通常说的实践出真知。在实践锻炼的过程中，受教育者要将自身所学的理论应用于现实，通过实践检验真理，明辨是非对错、善恶美丑，从而提高自己的思想觉悟。实践锻炼还有助于学生形成良好的行为习惯和道德思想，并不断提升自己，向更高的水平发展。在实践锻炼的过程中，学生可以亲身体会，在人际交往中更好地将教育内容内化为自身的良好思想品德，更好地强化思想政治教育的教育效果。为了鼓励学生走出课堂，学校要展开形式多样的社会实践，贴近学生，尊重学生的主体地位，通过获得学生的认可和喜爱来提升思想政治教育的亲和力。

2. 典型教育法

典型教育法也叫示范教育法，就是通过发展一个典型的人或者事进行示范，教育人们不断提升自身思想认识的方法。在高校思想政治教育中，对大学生来说，最好的榜样来自校园中的同学、教师和领导，这样不会让学生感到榜样有距离感，从而不断地向他们靠拢，学习他们身上所具有的精神，严格要求自己，不断提升自我修养、规范自身行为。这就要求校领导要以身作则，教师在工作中要以身示范、爱岗敬业、多多关心学生、走近学生；班级干部要发挥好带头作用，积极参与各种活动，并号召同学们参与其中，用榜样的力量带动学生，用自身的行动感染学生，增强思想政治教育的可接受性。

3. 感染教育法

感染教育法，是指学生在无意识的情况下，受到环境等因素的影响、熏陶、感化而接受教育的方法。大学生具有创新意识，思想复杂多变，情感丰富的同时也很细腻。因此，在对大学生进行思想政治教育时，教育工作者应该是具有感情的、合乎常理的，从而与学生的情感产生共鸣，使大学生在默化潜移中接受教育。高校思想政治教育教学中应充分利用感染教育方法：第一种是艺术感染法，思想政治理论不是死板的理论知识，思想政治理论是生活和艺术互相交融的理论，教育工作者应精心挑选音乐、戏剧、电影和其他材料与理论阐述相结合，既启发、丰富学生的精神世界，也提升学生的道德品行；第二种是图像感染法，通过访问、实地考察、情景模拟等形式的教育，用能够对大学生的感情产生直观影响的事例教育大学生，以达到提高学生思想政治素质的目的。总之，教育教学工作者采用感染教育法调动学生情感力量，可以不断增强我国高校思想政治教育的亲和力、吸引力和感染力。

4. 心理咨询法

教育者通过语言符号影响教育对象，增进其心理健康，提高其心理素质的方法叫作心理咨询法，也可以叫心理疏导法。该方法是近年来兴起的应用到高校教育中的方法，在高校越来越受到重视，是社会心理健康问题和思想研究问题分析相结合的方法。从理论上来讲，心理属于思想的组成部分，只有心理健康，思想才能够向着积极的方向发展。

近年来，随着社会的发展，影响学生心理健康的因素日渐增多，各种思想一齐涌入，加之大学生在这个年纪要面对的恋爱、就业等问题，都会使其产生焦虑和困扰。如果大学生不能及时舒缓摆脱这些问题，很可能会发展成为强迫症甚至抑郁症。所以，大学生的心理健康问题不容忽视。

在心理咨询法的实施中，教育对象应该要清楚地认识到在日常生活中自己所表现出来的长处和不足，优点及相对应的缺点；要了解在面对困难时，自己的解决方式和得失；要知道自己所压抑的物欲是什么，清楚自己的行为动机。教育者要在心理咨询中遵循平等性原则、尊重性原则、交友性原则、保密性原则和自保性原则，来保障学生的心理健康。

（二）加强教学方法的针对性和互动性

这里的针对性，不仅是指教师要根据教学对象和教育内容的具体情况进行教学方法的选择，同样也要求其在选择时考虑到教育者自身的能力和特点。对于教育对象来说，教学方法要考虑到当代大学生的个性特征、心理特点、思维方式和情感偏好。

从整体上来看，当代大学生的个体意识很强，他们乐于也善于表现自己，喜欢参与各类活动，所以在教育教学的过程中，教育者可以更多地选择讨论法、辩论法及实践锻炼法等参与性和展示性较强的教育方法，最大限度地提升大学生的积极性、主动性，让大学生爱上思想政治教育，进而提高其亲和力。同时也要意识到不同群体和特殊个体的差异，比如不是所有的大学生都是外放的，有些可能很内秀，比较害羞，不善于表达自己，对于这类学生，教育者要更多地给予鼓励和帮助，采用合适的方法，循序渐进地对其进行教育和引导。再比如起文科生，理工类的大学生在学习马克思主义理论基础知识时可能会比较吃力，因此他们很容易产生畏惧甚至抵触心理，这就需要教育者根据此情况，尽量选择吸引性强、更易让人理解和接受的教育方法。

此外，在有条件的情况下，教育者应该尽自己最大的努力去了解每一位学生，尤其是比较特殊的学生，只有这样，教育者才能在真正意义上把因材施教做实、做好。比如对于一个经常犯道德错误的大学生，教育者不能一味地批评或指责，而应该从源头出发，多与其沟通交流，了解其背后的故事，走进他的思想和内心深处，寻找其犯错的症结所在，并制定合适的改进措施，帮助他重新走上正确的道路。总之，教育者要依据不同教育对象的特点，选择最合适的教育方法。

教学方法必须为教学内容服务，如在进行比较难、比较重要的知识点的传授时，教育者应尽量采用讲授法，以便让教育对象全面、准确、高效地掌握知识；在传授比较简单的知识点时，则可以采用讨论法等互动性较强的方法，让学生自行探寻相关知识。同时，我们也要意识到教育者本身的能力和特点对于选择教育方法的重要影响。具体来说，教育者的性格不同，知识和各方面的能力也不同，这导致他们擅长使用的教育方法也不同。比如与老教师相比，年轻教师的教学经验和知识储备略显不足，所以在进行传统的讲授式教学时，年轻教师可能会略逊一筹；但年轻教师也有自己的优势，如他们对网络教学会更加的熟悉，所以可以更好地利用多媒体进行教育教学工作。因此，在使用相关方法前，教育者应充分考虑自身的优势和劣势，扬长避短，尽可能地将自己的特点与教育方法相结合，达到更好的教育效果。

此外，高校思想政治教学方法须具有一定的互动性，能让大学生更多、更好地参与到教育教学的各个环节中，真正实现教育对象的主体地位，提升教学的有效性。

再好的教学方法，如果缺少了教育对象的参与，就好比戏剧舞台下没有观众的欣赏和呼应，只有教育者在台上唱"独角戏"，教育也会失去了最初的目标，更谈不上达到相应的教育效果。为此，我们要认识到进一步提高大学生对高校政治理论课堂和活动参与程度的重要性，让学生变被动接受为主动参与，加强师生之间的互动。此外，由于部分马克思主义的相关理论知识本身就具有一定的抽象性和复杂性，所以有些大学生学习起来会比较吃力，学习的积极性也由此降低。为此，思想政治理论课教师更要进一步改进其授课技巧，要具备抽丝剥茧和化繁为简的能力，将复杂的知识点简单化、趣味化，同时加强课堂的互动和参与，让大学生真正体会到亲身探索相关知识的乐趣。

如今的大学生对于互动性和参与性较强的教育教学方法有着极大的兴趣，因此，教育者需要充分发挥他们的主观能动性，让他们以主导者、参与者，甚至组织者、管理者等身份参与思想政治教育教学活动，并在其中发挥重要的作用。其中最有效的方法就是将教育者和大学生进行角色交换，如教育者可以将讲台交给大学生，让他们在精心准备后讲授一堂思想政治理论课或者组织一场思想政治教育活动。在这个过程中，大学生从原来的从属和被动地位转变为课堂和活动的组织者、管理者和主导者，而教育者则可以适当地提供帮助和指导，以把握正确的教育方向和达到更好的教育效果。

（三）引入和重视实践教学环节

社会实践可以锻炼大学生的实践能力，让大学生在实践中提升道德品质、增强社会责任感，促进大学生更好地了解社会的发展变化。实践教学主要包括调查、访问、参与体验、红色旅游、志愿服务等，学生可以根据老师设计的主题，在实践中充分运用观察、调查、访谈和亲身体验等方法。此外，教师还可以分享和交流实践学习的主要内容和过程，帮助大学生在实践中树立正确的"三观"，不断提升学生的理论水平和实践能力，让思想政治教育内化于心、外化于行。

在实践教学的安排中，教师应注意学生的兴趣和实际情况，如果为学生安排其不喜欢的社会实践活动，会使学生产生倦怠心理甚至是厌倦情绪，这样即使他们参加实践活动，效率也会降低，实践效果甚微，既浪费了资源，也不利于对学生实践能力的培养。所以课外的思政实践活动可以根据大数据进行匹配，向学生推荐适合其性格或者有利于其思政方向发展的实践活动，学生只有喜欢实践活动，才会以更大的热情投入其中。这样既能提高实践效率、加强实践效果，又可以锻炼、加强学生的思政实践能力，使学生的思想政治素养从实践中得到提升。

三、强化教学载体建设

（一）加强网络平台建设

网络载体是互联网飞速发展和普及后出现的新兴载体，一方面它为高校思想政治教育工作的开展提供了新的平台和新的机遇，另一方面它也带来了一定的威胁和负面影响。新一代的大学生成长于新时期，他们厌恶落后和陈旧的事物，无时无刻不在寻找和创造新的潮流与时尚。对此，高校要具有敏锐和超前的意识，充分利用网络平台开展思想政治教育，让大学生意识到思想政治教育原来还可以如此的"时尚"，并以此提升他们的学习兴趣。

对于高校来说，利用网络进行思想政治教育、加强网络思政平台建设，需要做到以下几点。首先，高校要建立一支专门的队伍，加强对网络平台的宣传、维护、监督和管理，掌握利用网络平台进行思想政治教育工作的主动权。这个队伍的组成者可以是高校教师、大学生，有条件的还可以聘请一些社会上的专业人士。其次，高校应及时更新网络平台的信息，利用多种形式和途径推动网络思政平台的建设，使其成为传统课堂的有效补充。比如高校可以通过网络平台对思想政治理论课进行打卡签到、将课堂内容及时收录到平台上供大学生学习和讨论，以及邀请思政课老师与大家开展实时互动等。但与此同时，高校和教育者也要认识到网络载体是为思想政治教育服务的，是为更好地传授教育内容、达成教育目标服务的，所以不能为了吸引和博得大学生的关注，搞脱离甚至背离教育内容的创新，抛弃实质性的教育内容，这终将无法使大学生获得启迪和收获。再次，高校还应加大对网络思政平台的资金和宣传投入，积极鼓励广大师生畅所欲言，对平台建设献言献策，并号召不同院系、不同班级建立专属的网络思政平台，同时开展相关的评优活动，加强师生的参与度和重视度。最后，高校要加强对网络平台的有效、实时监管，严肃处理平台上可能出现的一些不健康言论、图片、视频等信息，维护其政治性和纯洁性。

（二）加强新媒体运用

新媒体作为"00后"青年大学生喜闻乐见的一种信息传播方式，是新时代高校思想政治理论课教学的重要辅助工具，是提高新时代高校思想政治理论课教学效果的重要途径。在运用新媒体开展教学的时候，需要主要做到以下几点。

首先，坚持显性教育与隐性教育有机结合。从传统意义上来讲，高校思想政治理论课是通过课堂教学进行显性教育的。伴随着科技和网络信息技术的快速发展，教师更迫切地需要将新媒体运用于高校思想政治理论课教学中，以满足青年大学生课外（线下）学习的需求，实现高校思想政治理论课从定时定点的显性教学方式向随时随地的全方位、立体化隐性教学方式转变。相比较而言，高校思想政治理论课传统教学方法是显性的，要求结合明确的思想政治理论课教学大纲、教学目标、教学内容，局限于思想政治理论课课堂及其他类似专题教育活动。新媒体的发展，让课堂和教学形式从传统的教师、礼堂、操场和展览参观场所，转移至浩渺无边的虚拟网络空间；高校思想政治理论课的教学方法、形式和手段也从单一的讲授、参观转变为图片、音像视频、网络动画、音像交互等多媒体形式。在新媒体环境下，对高校思想政治理论课教学方法的改革创新，需要与青年大学生的需求相适应，让他们能够灵活地适应网络技术发展的新方式方法。新媒体网络技术和网络舆情动向不断调整，决定了新时代高校思想政治理论课大多数情况下是不设固定的教学目标，没有固定的教学方法、形式，随时随地可以进行的隐性教育方式。从某种程度上说,在新媒体环境下,以适应新媒体信息传播规律的方式,从事隐性的思想政治理论课教学方法改革创新,让青年大学生群体在潜移默化中接受马克思主义和马克思主义中国化最新理论成果的教育,自觉改变思想观念,更有助于提升思想政治理论课教学的针对性和实效性。

总之,显性教育就好像新时代高校思想政治理论课的硬件,隐性教育就好比新时代高校思想政治理论课的软件,二者各具特色、各有所长,但都有其局限性。为了强化新媒体在新时代高校思想政治理论课教学方法中的运用,我们必须整合协调、合理创新新媒体在高校思想政治理论课教学方法中的显性教育与隐性教育功能,构建显性教育与隐性教育全方位协同配合的高校思想政治理论课教学新模式。显性教育与隐性教育二者各有各的不足,也各有各的育人功能。用隐性方法之长弥补显性方法之短,用显性方法之优弥补隐性方法之劣,推动显性、隐性两种方法相互依存、相互促进,是改革创新新时代高校思想政治理论课教学方法必须思考的问题。

其次,传统教育与媒体监管互为补充。拓展新媒体运用于新时代高校思想政治理论课教学的影响和作用,并不意味着要否定高校思想政治理论课传统教学方法。新时代高校思想政治理论课教师要在继承高校思想政治理论课传统教学方法精髓的基础上,积极主动地研究、探索适应网络信息技术条件下的新媒体教学法,使自己的教学水平和方法与日俱增、与时俱进,要主动地适应时代发展的客观实际情况,积极地使用青年大学生喜闻乐见的教学形式和方法,抛弃空洞的大道理和洪亮口号的灌输式教学方法。在新媒体时代,青年大学生最终要成为中国特色社会主义事业合格建设者和可靠接班人,一定要经过社会和网络的双重检验,只有因势而变、顺势而为,与时俱进地改变思想政治理论课的教学方法,才能真正把马克思主义、中国特色社会主义思想和社会主义核心价值观融入他们的理想信念和价值观中,才能使其在充满各种诱惑、陷阱的虚拟网络世界和复杂的社会环境中生存,在为社会、国家和人类社会做贡献中真正实现自身价值。当然,依靠思想政治理论课教师自觉地使用新媒体和新媒体自身的监督功能,对于取得思想政治理论课教学方法的实效而言,还是远远不够的。相关法律法规、规章制度的配套不健全和新媒体与生俱来的匿名性、虚拟性等特征,使得构建良好的思想政治理论课教学生态环境困难重重。这种情况下,对于一个独慎思辨和去伪存真能力还相对较弱的青年大学生而言,做到自省自律、"一日三省吾身"就显得尤为可贵。创造真正属于思想政治理论课教学方法改革的新时代,让青年大学生时刻警惕,避免在新媒体平台上掉入陷阱或迷失自我,使大学生在喜闻乐见的教学生态环境中自我教育、自我管理、自我服务、自我成长、自我发展，为社会进步和人类文明发展带来更大的福祉，是新媒体运用在思想政治理论课教学方法改革创新中的目标价值。

在高校思想政治理论课教学过程中，对新媒体的运用必须坚持新媒体舆情监管治理和思想政治理论课课堂教育两者统筹兼顾。在传统教学中监管不到的地方，我们要发挥新媒体的作用，建立重大网络舆情研判制度，提升舆情应对工作的联动机制，及时准确地了解青年大学生的思想动态。面对影响青年大学生群体政治思想动态的事件，我们要在线上和线下深度介入舆情发展的全过程，多渠道地了解学生心理变化的新动向，共同营造包容并蓄的多元教学方法，化解学生的不良思想倾向，真正达到高校思想政治理论课落实立德树人根本任务的目的。新时代高校思想政治教育要坚持走线上与线下相结合的道路，即新时代高校思想政治理论课，一方面要运用好信息化手段、运用好网络阵地等进行线上教学；另一方面要通过各种制度安排和健康的活动载体进行线下教学，使青年大学生充分发挥自身的积极性、创造性。

此外，运用新媒体开展教学，要求教师密切关注社会舆论和学生思想动态，及时发现非主流的声音和苗头，科学深入地分析问题背后的原因和解决措施。恰当的教学载体直接关系着高校思想政治理论课教学的成效，也间接影响着中华民族伟大复兴的进程。因此，新时代高校思想政治理论课教师必须坚持社会主义主流意识形态阵地，弘扬主旋律、传播正能量。同时，决不放弃舆论斗争的新方略，旗帜鲜明地对错误观点思潮和意识形态阴谋论给予回击。将新媒体运用于高校思想政治理论课教学中，正是传统舆论斗争渠道逐渐转向新媒体舆论阵地的现实需要，我们要把网络意识形态工作当成思想政治理论课育人工作的重中之重来抓。

四、优化教学内容

（一）提高教学内容的针对性

高校思想政治教育教学的内容具有理论性和抽象性，导致学生在学习过程中有距离感，只掌握了理论，并不知道如何有针对性地将所学理论应用于生活。那么，要提高教育内容的针对性，就要从学生的实际发展角度出发，使教育内容贴近学生的生活环境和生活特点，有益于他们的身心发展。具体的措施如下：可以使思想政治理论课教学的内容涵盖日常的学习生活、课外活动和实践活动，让学生在参与活动的同时，深刻体会到思想政治的教育内容；也可以在校园中，在学生的周围树立同学榜样,因为身边人、身边事更能激发学生的学习热情,拉近思想政治教育与学生之间的距离,提升思想政治理论课教学的效果。

提高教育内容的针对性要求教师在教育过程中要关注学生的需求状况,为学生答疑解惑,针对学生在学习、情感及未来就业中会遇到的问题,开展主题教育活动,帮助大学生解决实际问题。教师只有深入学生的生活中,才能更好地掌握学生的状况,才能有针对性地解决问题,从而提升思想政治教育内容的针对性,真正地满足学生的需求和发展。

(二)注重教学内容的层次性

高校思想政治教育在面对不同年级和层次的大学生时,教学侧重点应有所区分。比如对于即将面临毕业的大四学生,高校就应该为其提供就业指导和帮助,引导他们树立正确的价值观、就业观,帮助学生提早适应社会生活,避免茫然无措。而对于刚入学的新生,就要从理论抓起,强调规章制度,打好基础,规范他们的行为,使其尽快融入大学生活这个体系中来。对于中间年级的大二、大三学生,就要加强他们的基本道德规范,使其坚定理想信念、树立远大理想。对于个别学生,如纪律性差的,要加强纪律规范;对于爱与人攀比的学生,则要教育他们有正确的价值观念。

(三)增强教学内容的时代性

随着时代的更新变迁,高校思想政治教育教学也应该与时俱进,在教学内容上实时更新,跟紧脚步,增强教学内容的时代性。在教学过程中,教师应引用最新发生的事例,吸引学生的注意,不再只讲授枯燥无趣的理论知识。不仅如此,在教学过程中,教学主体应紧跟新时代主题,发扬时代教育精神。当前高校思想政治教育要紧密联系改革开放和我国现代化建设,客观系统地进行分析,使思想政治理论课成为学生愿意接受且认同的理论课程。

在增强教育内容的时代性方面,首先,教师要适当地删减一些不符合现状、过时的教学工作内容,补充体现习近平新时代中国国特色社会主义思想的内容。其次,要结合企业改革开放和社会主义经济管理带来的变化,加强职业道德教育和创新精神。再次,在教育内容上要结合当下国际国内政治时事,与同学们共同思考热点、难点问题。最后,要在不断更新的先进文化中汲取精华,将其融入高校思想政治教育中,紧跟时代步伐,再次更好地体现教育内容的时代性。

（四）加强教学内容的实用性

现在的大学生，面临诸多问题的困扰，很容易产生心理问题。要想提高思想政治教育的亲和力，就要在思想政治教育内容上强化心理疏导，加强人文关怀。教师要帮助学生解决焦虑、不自信等问题的困扰，使其走出困境；要从心理上解决问题，帮助其树立信心，定期关注学生的心理健康，多沟通、多交流；要尊重学生、关爱学生，关心学生的心理健康发展，提高其心理素质，注重心理健康教育；教师还应定期与学生对话，开展相应的教育活动，让同学们不胆怯，愿意倾诉自己的烦恼，从而达到增强思想政治教育的亲和力的目的。

（五）提升教学内容的丰富性

1. 融入传统文化

（1）将传统节日庆典嵌入教学

中华民族历史悠远，文明的延续迄今已经经历了5000余年，涌现出了无数带有中华民族特色的文化精粹，包含了大量的节日及习俗等。自宋朝开始，传统节日无论是在内容上，还是在形式上，都得到了长远的发展。从已有的节日中能够发现，其基本均与节气相关，典型的节日包括春节、中秋节等，且每逢传统节日，人们都通过形形色色的活动或习俗来庆祝节日。说到习俗，不免让人想到中国作为拥有56个民族的大家庭，除所拥有的共同节日外，不同的民族在其内部同样产生了具备民族特色的风俗习惯，并体现在其衣食住行的方方面面。

在我国，传统节日民俗无疑具有丰富的文化内涵和道德意蕴。可当代的大学生受到西方文化的影响颇深，在庆祝西方节日上花费的时间和心思远远比中国传统节日要多得多，能真正理解中国传统节日文化内涵和道德意义的学生更是少之又少。想要将中华优秀传统文化融入高校思想政治理论课中，传统节日庆典不失为一种重要的载体，也可给教学过程增添几分活力和乐趣，吸引学生的兴趣，唤起学生对传统节日的关注和重视。将传统节日庆典融入思想政治理论课教学中，也是进行道德教育的重要途径。

关于传统节庆的意义，详细而言，如春节和中秋节，这两个节日都以家人团聚为目的而创建，每逢这两个节日，人们无论身处何处，都会尽可能地赶回家中，这对于家庭和谐是十分有帮助的。清明节是以祭祖为主要内容，重阳节则以尊老敬老为主题，抒发人们对长辈的关爱及对亲人的思念之情。有些节日可拉近邻里街坊或者亲戚朋友间的距离，并加深互相之间的了解，使人际关系更加亲密。此外，也有部分地方的民俗活动广为人知，颇受大家的欢迎，如赛龙舟、扭秧歌等，不仅能够为人们带来身心上的欢愉，还可在一定程度上提升人们爱国爱家的家国情怀。

对于传统节日习俗而言，其所发挥的约束力及影响力均是惊人的。大学生群体的主要生活环境是学校，相当于在一个小型的社会中活动，也将受到节日民俗的影响。因此，高校思想政治理论课中的传统文化教育应充分利用传统节日庆典这一重要载体，在课堂的感染下促进学生对传统文化的认同，也可创新思想政治理论课的教学方式。教育者应将传统节庆的相关知识有意识地纳入高校思想政治理论课教学之中，引导受教育者主动接触和了解节日民俗。在每次过节期间，教育者均可围绕节日的习俗、形成过及发展历史加以阐释，特别是对节日中内在的与道德教化相关的知识，应进行重点讲解；也可通过播放传统节日庆祝习俗短片，将传统文化的含义生动地展现给学生，吸引学生的兴趣。

（2）将非遗文化传承汇入教学

非物质文化遗产是文化遗产中的关键构成，包括被团体或者个人当作其文化遗产的各类形式的实践、表演、表现形式、知识架构、技能，以及相关的工具、实物、工艺品与文化场所。其最为重要的特征便是同民族生活息息相关，属于民族习性的高度概括和集中体现。其必须基于人方能得以延续，借助于声音、表演和技艺等进行表现，且依靠言传身教的方式进行教授，属于"活"的文化，并且是极易中断的传统文化。

对于不同的非物质文化遗产，高校思想政治理论课教师可以将遗产特点、地域特点及表现方式对学生进行详细讲解，不用做任何的地域要求，可以讲本省的诸多非物质文化遗产，也可讲自己喜欢的、感兴趣的非物质文化遗产，尤其是对于非物质文化遗产所蕴含的传统文化价值更要着重阐释。教师除讲解外，还可以鼓励学生多了解并实地考察自己家乡的非物质文化遗产，并在课堂上向大家介绍自己家乡非物质文化遗产的特点及文化价值，抛去传统的灌输式教学，让学生走上讲台。通过对教学方式和教学内容的创新，使受教育者在听教师的讲解及通过自己实地考察了解非物质文化遗产的过程中，激起对非物质文化遗产的学习兴趣，增强对中国传统文化的认同感和自豪感，有利于非物质文化遗产的传承。

2.融入红色文化资源

（1）红色文化资源的时代价值

第一，红色文化资源能够助推高校办学始终坚持正确的政治方向。一是两者的创造主体相同。红色文化资源是党领导人民群众在社会演进的各个阶段开展实践凝结而成的宝贵财富,其创造主体是党和人民群众;高等教育是在党的领导下全民参与的社会公益事业,创办主体仍然是党和人民群众。二是两者的性质相同。新民主主义革命时期,党对党员干部的思想教育,对群众的宣传鼓动及各类学校教育都是突出红色革命精神的。这个时期所形成的红色文化资源主要反映的是爱党、爱国、爱人民、爱社会主义等主题,生动地彰显了无产阶级政党的历史和政治使命。改革开放以来所形成的"新"红色文化资源服务于中国特色社会主义现代化建设的伟大主题,如弘扬社会主义核心价值体系、号召人民对美好生活的追求等内容,其发挥着调动和鼓舞全党、全国各族人民为社会主义现代化建设奋勇拼搏等重要作用。无论哪个时期形成的红色文化资源,都具备旗帜鲜明的社会主义意识形态特征,始终体现着无产阶级和广大人民群众的利益诉求;高等教育的本质也是为大学生自由、全面发展及社会主义现代化建设服务的。大学生接受高等教育的同时在内心建构起了一套社会主义政治理念和道德观念,并在将来用以提振生产力,继而享受社会主义的发展成果。可以说,新时代的高等教育是在"一切为了人民"和"一切依靠人民"的双向互动中逐步发展的,体现了社会主义的本质特征。

第二,红色文化资源能够强化社会主义核心价值观教育。社会主义核心价值观"体现了社会主义意识形态的本质要求,体现了社会主义制度在思想和精神层面的质的规定性,凝结着社会主义先进文化的精髓,是中国特色社会主义道路、理论体系和制度的价值表达,是实现中华民族伟大复兴的中国梦的价值引领"[1]。首先,红色文化资源中所蕴含的红色文化与社会主义核心价值观"基因同源"。红色文化和社会主义核心价值观的共同思想文化基因,是源于以马克思主义为指导思想、传承中华优秀传统文化、借鉴世界优秀文化成果孕育形成的"中华民族新文化"。红色文化承载的价值内涵和精神品格为社会主义核心价值观提供了优质基因,成为当代培育和弘扬中国精神、凝聚中国力量、提升中国文化软实力的先进文化基石。其次,红色文化资源中所蕴含的红色文化与社会主义核心价值观"文化同向"。红色文化与社会主义核心价值观,都是中华民族伟大复兴历史进程中的文化实践与成果。中国共产党自成立之日起,就自觉肩负着领导中国人民实现中华民族伟大复兴中国梦的历史重任,并在民族复兴的历史进程中自觉推进民族的现代转型与创造性复兴。中国共产党人在革命、建设和改革开放时期的文化创造与文化实践,都证明红色文化与中国特色社会主义文化的历史渊源与承进关系。

---

[1] 刘云山. 着力培育和践行社会主义核心价值观[J]. 求是, 2014(2): 3-6.

最后，红色文化资源中所蕴含的红色文化与社会主义核心价值观"思想同核"。红色文化和社会主义核心价值观，都是中国共产党领导广大人民群众培育创造的中华民族特有的先进文化，其共同的信仰与理想、为人民服务的价值观、实事求是的精神所构成的共同思想内核，是中国革命、建设、改革各个历史阶段的文化支撑和强大精神动力。

（2）红色文化资源是高校形成办学特色的重要素材

以"红色"为导向突出高校的办学特色，既能够为高校的发展增添文化底蕴、坚定文化自信，也能够助力红色文化资源的传承与弘扬。文化底蕴是人或群体学识和精神的修养，是精神成就深度和广度的集中表达。

高校文化底蕴的营造必须要将文化自信作为前置条件。红色文化资源之所以是"文化自信"的魂魄，是因为其不仅见证了中国共产党由小到大、由弱变强，由革命党到执政党的峥嵘岁月，更向世人宣告了只有社会主义才能救中国、发展中国。因此，高校在办学的过程中不仅要坚定文化自信，更要成为"红色文化自信"的虔诚拥护者。红色文化资源既是大学之基，也是大学之魂。高校的红色文化底蕴是长期利用红色文化资源开展育人实践或是红色校园氛围营造所积淀的成果。浓郁的红色文化底蕴不仅能够展示全校师生在科研、教学、学习、生活、娱乐等多个方面的精神面貌，也能够以一股强大的精神力量促进师生群体在推动高校发展时主观能动性的发挥，更能够形成一张无形的"红色名片"在全社会范围内为高校做宣传。

（3）红色文化资源育人是实现资源传承的重要途径

红色资源内涵丰富，不仅涵盖了政治、经济等内容，还包含文化、社会价值等诸多内容，大多数情况下，红色资源更多是以一种文化形态展现在人民群众面前。从这个角度看，红色资源自身具有文化传承的内在功能，但这一功能的发挥需要与思想政治教育相结合。从文化角度看，文化指人类一切精神活动及其产品的总和。中华民族有5000多年的悠久历史，在此过程中形成了丰富多彩的中华文化，中华文化发展到今天已经形成了包含中华优秀传统文化、革命文化、社会主义先进文化在内的中国特色社会主义文化。

红色文化资源作为中国革命文化的重要载体之一，毫无疑问成为中国特色社会主义文化的重要构成要素。对红色文化资源进行保护和发展，本质上就是对中国特色社会主义文化的传承和发扬。但是，仅仅保护和发展是远远不够的，更为积极的文化传承需要更为主动的宣传、开发和利用。然而，需要强调的是，红色资源的文化传承功能同样离不开思想政治教育，只有通过思想政治教育对人民群众的教育、引导,才能增强人民群众对红色文化资源的保护和学习意识,才能激发人民群众对红色文化、革命文化乃至中国特色社会主义文化的传承和发扬的动力。

(4)红色文化资源是高校培养时代新人的精神养分

新时代对高水平的人才充满着期待与渴望,这就要求高校积极利用红色文化资源发挥其德育的功能,培养出"又红又专"的时代新人。

第一,从意识对物质的能动作用来看,精神形态的红色文化资源属于社会意识的范畴,能够迎合大学生成长成才的心理诉求并发挥积极的正面引导作用。红色文化资源的内涵丰富,在充分尊重大学生心理成长规律的前提下,找寻好突破口,能够发挥强大的精神引导作用。

第二,从红色文化资源的阶级属性来看,它是党领导人民群众开展各项实践的物质留存和精神结晶,被打上了无产阶级的烙印。道德是社会经济关系的产物,在不同的经济关系下有不同的表现形式,在阶级社会中必然也会被打上统治阶级的烙印,呈现出阶级性的色彩。红色文化资源中蕴含的优良传统和道德观念,是在新民主主义革命和社会主义现代化建设的过程中诞生的,自然也就被打上了无产阶级的烙印。具备了社会主义意识形态的教育必须要选取与其阶级利益、奋斗目标、价值取向相匹配的育人素材,这也是高校利用红色文化资源培育时代新人的政治前提。对于一名合格的社会主义建设者和接班人来说,掌握科学文化知识和实践操作能力是必要的,因其可以直接转化为社会生产力,推动社会的进步与发展。但他们更应具备社会主义道德观念,这直接关系到工作开展的价值取向问题,如是否爱岗敬业并且诚实守信、是否具备集体主义的价值观念、是否能够妥当处理个人利益与集体利益之间的矛盾等。对于新时代高校来说,不仅要教授大学生将来用以实现个人价值的知识技能,更要利用好蕴含着丰富社会主义道德观念的红色文化资源营造大学生乐观进取、处事公正、明礼诚信的精神风貌。

总而言之,红色文化资源无论是从本质属性上还是阶级色彩上,都能够充当新时代高校培育时代新人的内容。

3.挖掘生活素材

高校思想政治教育教学需要关注身边发生的故事,充分挖掘生活中可用的素材,也就是说在制定教育教学内容时,应该将教育内容生活化、生活内容教育化。

所谓教育内容生活化就是指在进行教育教学时,教育者可以将一些价值观念与实际生活相结合,教会大学生用马克思主义的立场和观点分析和解决生活中的问题,让他们意识到马克思主义是源于生活同时也是可以很好地指导生活的,让教育教学的内容更"接地气",更易被大学生理解。比如在分析"社会主义制度的优势"这一话题时，教师可以结合抗震救灾、抗击疫情时中央统一部署，各地积极响应，集中力量共同克难关的例子，同时与别的国家进行比较，充分凸显社会主义制度的优越性。

生活内容教育化是指教育者可以将大学生在实际生活中所面对、所思考和所困惑的事情变成教育教学的素材，如挑选大学生在学习、情感、生活和就业等方面遇到的各种问题，并利用道德、法律、心理等相关的思想政治教育方面的知识对这些真实事件进行分析，引导大学生合理运用所学知识正确解决生活中的问题，真正做到"想其所想，解其所难"。例如大学生在生活中常常会遇到的"老人摔倒了该不该扶"这种道德困境问题，这就可以被教师拿到课堂中进行讨论。同时教师可以通过情景剧表演等方式生动、灵活地为大学生指点困惑，帮助他们正确看待和处理类似事件。

综上，我们要将教育内容与大学生的生活紧密融合，在小处、实处下好功夫，让大学生深刻地、实实在在地感受到教育内容与他们生活之间的密切关系，彰显思想政治教育的人文关怀。

五、改善教学环境

（一）营造愉悦的课堂教学环境

课堂教学环境的好坏间接影响着思想政治理论课的教育效果。轻松愉悦且和谐的教学环境，能够让教师更好地教授教学内容，学生也可以在轻松的环境中增加学习的主动性，从而提高思想政治教育的实效性。

首先，教师要在教室原有的单调、统一、缺乏生机的环境中，创造不同。教师可以发动学生，集思广益，一起创造共同的学习环境，如在教室后面绘画板报、在教室的墙体上粘贴字画、在窗台上摆放盆栽，保持教室的干净整洁、美观。在这个过程中，能够更好地团结同学、增进感情。其次，教师要保持自身的积极情绪，善于调节课堂气氛，不能只是自己一人唱独角戏，这样同学们会没有参与感，丧失对学习的兴趣。教师只有善于和同学们在课上交流讨论，带动学生参与进来，才会让学生专注学习本身。最后，教师要关注当下流行的热点新闻，关注网络用语，从中挖掘出有趣的教学素材，适宜地融入教学内容中，运用同学们喜欢的说话方式对其进行教育，提高课堂对学生的吸引力，避免长篇大论的说教，贴近学生的生活，拉近与学生的距离。在课堂上教师要学会运用情感，板着脸上课会让学生感到畏惧、害怕和沉闷，适当的肢体语言和面部表情会拉近师生之间的距离，更能获得学生的喜爱。营造愉悦和谐的课堂教学工作环境，需要充分发挥学生的主观能动性，教师要鼓励学生勇于发表意见，要强化小组讨论、师生互动、团队合作，让学生充分参与课堂。

（二）营造健康的网络媒体环境

随着我国互联网和大众媒体的普及，高校学生思想政治理论课教学也悄然发生着改变，想要提升高校思想政治教育教学环境，必然要先优化思想政治教育的网络媒体技术环境。

一方面，网络是虚拟的存在，利用网络，我们可以第一时间了解万千世界的发展变化，掌握第一手信息，但是网络上也存在着各种负面言论和不实消息，甚至是错误思想。学生处于善于思考和发现新事物的阶段，对于一些理论是非还缺乏自主的判断，这也正是网络潜在的不良因素，这样的环境也直接阻碍了大学生的思想道德素质发展。所以，加强校园网络文化的监管势在必行。文明健康的网络媒体环境，有助于学生提升自身道德素质，提高自身修养。

另一方面，目前多数高校的传播媒介是校刊校报、校园广播和校园电视台，所以我们要加强校刊校报的审核，利用这些媒介宣传正确的思想政治教育理论和思想，弘扬新时代中国精神，引导大学生树立正确的思想价值观。高校还要具有掌握舆论方向的能力，积极开发思想政治教育资源，给大学生提供精神上的滋养。

六、完善教学评价标准

教学评价是课程教学的指挥棒，它具备诊断、导向、激励和监督功能。制定科学的课程教学评价标准对提升课堂教学效果具有重要作用，同时它还是教师教好课程，学生学好知识的重要前提。

针对思政课教学存在弱化教师课堂教学的评价、学生学业水平评价指标单一且不合理的问题，我们应该在今后的思政课建设中进一步改进，强化对教师教学活动全过程的考核，为学生学业评价设置多元、合理的考核指标等，实现"以评促教""以评促学"的效果。

（一）强化对教师全过程教学质量的评价

教师是上好课程的关键。思政课教师的教学效果影响高校思想政治教育教学工作的开展和落实。提高思政课教学水平，一方面，要着重考核思政课教师教学水平，从而提高教师教学质量；另一方面，要强化对思政课教师全过程教学质量的评价，不能"以偏概全"，只重视成绩数据，不顾其他。

要提升教师教学水平和增强对教师教学过程的综合评价。首先，要加强对教师课堂教学质量的考核，努力把思政课教师的"心思"吸引到教学中，提高思政课教师对教学的投入，提升其教学实效性，从而提升教师教学水平，增强授课效果，淘汰"水课"，打造"思政金课"；其次，要以学生的获得感作为教师教学质量考核的重要标准，思政课教学主要目标就是培养学生坚定马克思主义理想信念及树立正确的"三观"等，学生是课堂教学的主体，增强学生学习的获得感是完成教育目标的重要保障，也是实现高校立德树人根本目标的重要前提；最后，要着力加强对师德师风的考核，思政课教师是思想教师和政治理论教师，对学生思想的引导和价值观的塑造有重要影响，高校要加强对思政课教师师德师风考核，着重对教师的师德、师风进行评价，实行"一票否决制"，淘汰"水课教师"，这既是教师积极发挥言传身教作用的重要前提，又是教师完成教书育人使命的根本要求。

（二）实现对学生综合性学业水平评价

期末学业成绩作为学生学业考核的主要指标，具有一定的参考价值，但同时也不能忽略学生的日常学习表现等作为综合学业评价指标的重要性。高校教育的根本目标是立德树人，学生是课堂中的主体，是实实在在的人，所以考核学生学习成果不能只单纯看重期末成绩，应该做到期末成绩和综合素质考核相结合。

加强学生综合素质考核。既要加强对学生出勤、课堂表现、作业、学习笔记等方面的考核，又要着重考核学生的实践能力、理想信念、理论水平和道德品质等方面。一方面，思政课教师要把立德树人作为高校培养人才的中心环节，在教学评价的过程中，要充分重视对学生学业水平的综合评价，而不是学生死记硬背的"成绩单"，真正把对学生的价值塑造、能力培养和知识传授作为大学生培养的教育目标；另一方面，必须重视对学生践行社会主义核心价值观和树立正确世界观、人生观、价值观等方面的考察，不断增强思政课教学的针对性和实效性，实现"以评促学"，提升学生的获得感，从而提升其综合能力。

第三章　高校思想政治理论课教师队伍的建设路径

本章主要内容为高校思想政治理论课教师队伍的建设路径，阐述了高校思想政治理论课教师能力需求，分析了高校思想政治理论课教师队伍现状，提出了高校思想政治理论课教师队伍的优化策略。

第一节　高校思想政治理论课教师能力需求

一、职业道德素养

（一）政治素养

1. 崇高的马克思主义信仰

高校思政课教师与其他学科教师不同，其作为思想政治工作者，更应该具备正确的政治意识与方向。只有在内心深处有着对信仰的强烈认同才能实现信仰，而马克思主义情怀就是教师内心对马克思主义和中国共产党强烈的情感认同，是思政课教师教育情怀的重要特征，所以高校思政课教师首先需要具有坚定的马克思主义信仰。

（1）真学真懂马克思主义

真学真懂马克思主义指高校思政课教师认真学习以马克思主义基本原理为核心的知识理论、思想原理，坚持历史唯物主义和辩证唯物主义的基本观点。以马克思主义为核心的知识理论体系是与时俱进的，如今，中国特色社会主义已经进入了新时代，作为高校思政课教师要对新时代中国的新理论、新实践有充分的认识，贯彻落实党的基本方针、路线，坚持中国特色社会主义道路，坚持"四个自信"，成为马克思主义理论的传播者和信仰者。

（2）真信真用马克思主义

真信真用马克思主义指高校思政课教师根据对中国特色社会主义理论体系和马克思主义理论体系的知识掌握和理解，建立更新自己的价值观、人生观、世界观，坚持党的领导，强化政治意识、大局意识，将自身的教育事业与党的教育事业理想保持一致，将自身理想信念与中国特色社会主义共同理想保持一致。同时，要在行动上与思想上保持一致，表现出符合马克思主义坚定信仰的一言一行，在教育教学活动中实现行动自觉与思想自觉的统一。

2. 坚定的理想信念

高校思政课教师要树立坚定的理想信念，就是指根据党的政策方针，推动思想政治理论课发挥实效，为国家发展、为社会发展、为学生发展服务，推动中国特色社会主义发展。

一方面，高校思政课教师要有高度的中国特色社会主义自信，要明确是社会主义将受压迫、被侵略的国家变成了独立的中国，是中国特色社会主义让贫穷、落后的中国变成了繁荣强大的中国。新时代，思想政治理论课教师要树立讲好中国特色社会主义故事的责任感，让学生对中国特色社会主义产生自豪感，讲好党的智慧成果，引导学生坚定不移地支持党的领导，将对党的忠诚融入思政课。高校思政课教师不仅要不断学习政治理论、丰富知识储备，还要做到知行合一，能够在教学活动中保持正确的方向，培养学生正确的政治立场。

另一方面，思政课教师在教学过程中要保证教学内容服务于社会繁荣发展、服务于国家现代化建设，承担起高校思想政治教育的政治责任，完成好新时代思政课教学任务。思政课教师要明确思政课是为建设中国特色社会主义服务的，要做好高校学生的引路人工作，提高学生素质使之符合社会建设要求，进而提高思想政治教育工作的实效性。

3. 强烈的政治认同

在中国特色社会主义的历史进程中理解"政治认同"，它既包括对党和国家的大政方针、政治主张的认同，又包括与之相匹配的政治行为。作为高校思政课教师，首先，应该经常对照党和国家的要求，检查自己的思想认识是否到位。其次，反思自身在政治行动落实上是否做到知行合一，及时发现自身存在的问题和不足，加以改进，才能在课堂上和实践中展现较高的政治素养，发挥身体力行的示范作用，体现新时代高校思政课教师的政治担当。高校思政课教师在政治观念与政治行为上的统一所展现出来的政治认同，能够为培养学生的"政治认同"素养提供培育的土壤，奠定坚实的基础。

4. 深厚的家国情怀

所谓家国情怀，是一个人对自己国家和人民所表现出来的深情大爱，是对国家富强、人民幸福所展现出的理想追求，是对自己国家的一种高度认同感和归属感、责任感和使命感。因此，家国情怀是思政课教师教育情怀的核心，起到了关键性作用。家国情怀包括爱家爱国和共同体意识。

（1）爱家爱国

爱家爱国指的是对家的依恋和对国的热爱，两者是家国情感的基本组成部分。家是社会的基本组成部分，凝结着一家人美好的生活记忆，也是一个人表达情感的对象。随着世事变迁和时间流逝，中国人却总是不忘感叹对家人的思念和对故乡的留恋，如《乡愁》《思乡》《恋家》《追忆》等都是中国人对家乡的表达。爱国是最持久、最厚重的感情，它扎根于数亿中华儿女的血脉当中，爱国不是一句口号，而是一种情怀与担当。

（2）共同体意识

在古代，"家国一体"的概念是封建统治者对国家内部稳定的一种概念，是出于个人对国家认同并寻求国家的保护的一种需要，实现了家国统一等于实现"父权"与"君权"的统一。而现代社会，"家国一体"概念发生转变，它寻求的是家庭与国家之间互帮互助、共同依存的良性互动关系，"家国一体"象征着社会的和谐与稳定，彰显出了国家的凝聚力与团结性。人在国家中处于主体地位，这就需要人有一种共同体意识，把家和国看成紧密联系的整体，只有形成这种正确认知，才能具有家国情怀。

一个怀揣着家国情怀的思政课教师具体有以下表现。首先，要有深厚的爱国情。爱国情是最神圣、最真实、最纯洁、最高贵的感情，建立在对国家的强烈认同和信仰上，思政课教师的爱国情应该成为心中最重要的部分，成为生命的常态。其次，要有深刻的强国志。一百年来，中华民族实现了由站起来、富起来到强起来的飞跃，而如今中国特色社会主义进入新时代，思政课教师站在历史的新征程上，应该树立远大的强国志向，努力实现中华民族的伟大复兴，怀揣着中国梦向着社会主义现代化奋斗。最后，家国情怀重在身体力行。家国情怀从来都是实践的、具体的，思政课教师应从本职工作出发、从教育事业出发，写好每一份教案、上好每一堂思政课、培养好每一位学生，通过一个个鲜活的人物、一场场动情的事件、一件件真实的案例弘扬家国情怀，立足于自己的岗位，将自己的小成就与国家的大成就结合在一起，用实际行动爱国爱家。

（二）道德人格素养

思想政治理论课的独特之处在于不仅注重理论知识的学习，还注重培养学生的思想道德品质，使其符合社会发展的要求。进入新时代，中国正在不断向世界贡献更多的中国智慧和中国方案，却也在面临更多的信息冲击。虽然大学生获取信息的能力增强了，但其思想观念却容易受到外来文化的影响。因此，高校思政课教师要更加关心爱护学生，及时关注学生的思想动向，走进学生的内心，以引导学生走正确道路为己任，培养学生沿着社会期望的方向发展。这就要求其自身具备良好的道德人格素养。

1. 高度的社会责任感

新时代高校思政课教师不应该局限于三尺讲台，而要将新教材与社会时政热点紧密相连，紧跟时代步伐。当代中国正处在百年未有之大变局，国际形势复杂多变，中华儿女需要万众一心共同推动祖国发展，这就需要思政课教师树立高度的社会责任感，为中国发展输送熟悉中国政治发展历程、热爱国家、愿意为国家贡献一生的高素质人才。高校思政课教师要充分发挥榜样带头作用，引导学生树立正确榜样意识，以为社会作出重大贡献的人物为榜样，树立奉献意识。由于当前还存在着教育资源不均现象，教师待遇也很难实现均等化，这就要求高校思政课教师在名利与人格的对抗中保持为人师表的责任心，在岗位上就要尽到岗位上的职责，自觉杜绝不良风气的影响。

2. 亲切的人格魅力

习近平总书记指出，"要有堂堂正正的人格，用高尚的人格感染学生、赢得学生"。[①] 教师的人格影响着学生人格的形成，高校大学生与教师、同学接触时间最长，而高校思政课教师作为道德人格教育的主力，其人格魅力对学生有着重要影响，甚至会影响教学效果。高校思政课教师不仅要注重专业知识的学习，还要树立人格魅力，保持乐观向上的人生态度，真正地从学生的角度出发，考虑学生的需要，吸引学生、感染学生，形成互相吸引的师生关系，使学生不自觉地向教师靠拢，形成良好的品德。

---

① 习近平：用新时代中国特色社会主义思想铸魂育人 贯彻党的教育方针落实立德树人根本任务 [N]. 人民日报，2019-03-19（01）．

(三)专业素养

1. 职业认同感

职业认同感指的是主体对所从事职业的主观价值感受和情感认同体验。教师的职业认同感源自自身对教育事业理信念的实现程度、自我价值的获得程度、社会对教师职业的认可程度,它是在教师从教过程中不断变化并逐渐稳定的。一个认同自身职业的教师在工作中总是投以不断的热情与动力。

2. 爱岗敬业

爱岗敬业指的是无私奉献,心系教育事业、献身教育事业,是每一个教育者不可或缺的宝贵品质。无论是在工作中还是在生活中,教师都要怀揣着一颗为教育事业奋斗终生的心,对教育理论研究和教学活动实践要充满兴趣、不断前进,用敬业之心守护着教育事业这一片净土。对于思政课教师而言,爱岗敬业就是热爱并忠于社会主义教育事业,是对社会主义核心价值观的自觉认同与践行,特别是践行社会主义核心价值观中个人层面"爱国、敬业"的要求。

高校思政课教师应深刻认识到自己肩负的国家任务和历史使命,把立德树人当作职责与理想,筑牢职业情怀。一个怀揣不忘初心的职业情怀的思政课教师具体有如下表现。

首先,具有强烈的职业认同感。有着不忘初心的事业情怀的思政课教师虽然是众多平凡岗位中的一分子,但其始终认为能在这份平凡的职业中实现自己的价值,甘于奉献、乐于付出,并且内心认可自己收到的回报。其次,热爱教师育人事业。再穷不能穷教育,振兴教育是兴国大计,也是民族复兴的基础事业。办好思政课,关键在教师,思政课教师担任着立德树人的伟大职责,理应热爱这份富有意义的事业,怀揣着强烈的荣誉感与自信心,甘于坚守、甘于奉献、艰苦奋斗、实干兴国,将真善美的种子撒进受教育者的心灵,成为学生成长路上合格的引路人。最后,不忘初心,传播主流价值观。有着不忘初心的事业情怀的思政课教师能时刻在教育教学中传播正能量、宣扬主旋律,符合思想政治理论课的教育目标,培养合格的社会主义接班人,做好自己"引路人"身份。

二、职业知识

(一)精深的学科专业知识

高校思政课包含的内容非常丰富,集经济、政治、文化、哲学、法治、生态文明建设等于一身，包罗万象、内涵丰富。同时，还涉及政治认同、公共参与、科学精神、法治意识等。由此观之，为适应新课标要求，高校思政课教师首先应掌握深厚的马克思主义理论知识，不断提高自身的政治理论水平。此外，高校思政课教师还应具备精深的学科专业知识，主要包括与思想政治教育相关的基本原理、方法论和管理理论，以及马克思主义哲学、政治经济学、法学、伦理学、逻辑学等方面的专业知识。这是思政学科发展的需要，也是高校思政课教师必备的专业知识能力的核心与主体。

（二）深厚的教育学科知识

思政课课程具有育人功能，这就要求高校思政课教师必须具备强大的育人能力。但由于学生是不断发展着的活生生的人，教师需要了解学生发展的规律，走进他们的内心世界。必须具备深厚的教育学科知识，能够运用教育学、心理学的各种原理、概念解决思政课教育教学过程中的各种问题。

（三）广博的学科综合知识

在新时代，知识与教育的意义不是掌握知识量的大小，而是在掌握知识的过程中培养的学习能力。如果高校思政课教师停留在既有的视野和知识范畴内，不及时扩展视野，就难以跟上时代的步伐。用过去的知识和方法教育今天的学生，堪比是在剥夺他们的未来。宽广的视野能够帮助高校思政课教师处于终身学习的状态之中，为了学习、了解更多知识，教师就要站位更高，学习借鉴其他国家的优秀教育教学成果，从历史中镜鉴现在与未来。因此，高校思政课教师需要具备宽广的知识视野、广博的知识水平。

高校思政课不是一个独立的个体，它是与初、高中的思政课程相互衔接的，与高校其他学科教学和相关德育工作相互配合，共同承担思想政治教育立德树人的任务。由此可见，高校思政课教师不仅要有精深的学科专业知识、深厚的教育学科知识，还应该掌握其他学科综合知识辅助其教学，时刻关注时政热点，了解教育前沿动态和最新发展成果，把握相关学科发展态势，将各个方面的知识融会贯通。只有这样，高校思政课教师才能更好地"用教材教"而非"教教材"，才能使思政课更加多样化和立体化。

跨学科的融合是当前教育发展的新趋势，思政课涵盖和涉及的学科领域较多，这就需要高校思政课教师不断完善知识结构，以适应新时代的要求。高校思政课教师只有拥有庞大的知识储备量、完善的知识结构，才能理直气壮地讲好道理，调动"知识库"里面的一切资源讲好思政课。

三、专业技能

（一）全面精湛的教学能力

教师是偏实践应用型的职业，教师在正确的教育理念指导下，通过合理有效的方式创设教学情境，激发学生的学习兴趣，培养学生运用知识解决问题的能力。这就需要教师拥有理解学生的能力，教师只有理解学生，才能知道应给予学生什么。给予学生知识的方式与教师的能力息息相关。

思政课的难度比较大、涉及范围广，很多知识抽象且复杂。这就要求思政课教师必须具备扎实的学科教学技能。第一，教师要将教学内容融会贯通。掌握比课本知识更深入、更广博的学科知识是前提，如何把知识深入浅出地传授给学生是重点。同时，必须要根据社会发展及时补充教育内容，传播主流意识形态。思政课教师要能坚定不移地支持党的领导，时刻关注党的最新路线、方针、政策，将党的教育方针贯彻到教学管理工作全过程。思政课教师要协调运用多种教学方法将党的方针政策与教材内容相结合，使学生在学习理论知识的过程中坚定不移地支持党的领导。思政课教师要深入学习习近平总书记对于思想政治理论课提出的要求与指导，坚持"八个统一"，提升思想性、理论性、亲和力。第二，在教学方法上善于创新。这就要求思政课教师要把握学生的认知规律，找到学生的最近发展区，循序渐进地将知识传授给学生，同时在教学方法上要灵活多变、善于创新。第三，有较强的课堂组织能力。组织好教学活动是上好一堂课的保障，思政课教师要充分调动学生学习的主动性和积极性，让每一位学生都积极地参与教学活动，完成预设的教学目标。第四，还应具备良好的语言表达能力。语言是表达和交流的工具，教师的语言表达能力直接影响教育教学工作的效果。思政课教师的语言表达能力的重要性自然是不言而喻的。要想达到良好的教学效果，思政课教师的语言就要标准清晰、表达流畅，形象生动、语调富于变化；另外，思政课教师可以用美观的板书和板绘来一改学生对思政课呆板无趣的刻板印象，也可以用适当的体态语来表达自身的情感态度。

在新时代，需要特别强调的是教师要掌握信息技术与教学融合的能力。当今世界，科学技术日新月异，人类已经进入信息化、大数据普及化的信息时代、"互联网+"时代，在信息化思维的指导下，教师需要有信息意识，对信息获取、信息选择、教育信息化有自己的见解。此外，还需要有信息加工与整合的能力，找到信息之间的联系点，有效整合信息与资源，这能够为课堂教学带来意想不到的效果。

在教育领域，微课、慕课、翻转课堂等新的教学方式正在一线的教学课堂栩栩如生地上演，教师将信息技术与课堂教学深度融合的要求也越来越迫切。高校思政课教师在备课时不能像以前一样单纯地备教材、备学生，因为思政课是时代性较强的学科，教材中的案例很多具有滞后性，对一届又一届新的学生来说，对教材中案例的熟悉度是呈下降趋势的。如果思政课教师学会通过互联网等媒介寻找课程资源，如微博、微信公众号、客户端、学习强国 App 等许多新媒体中都蕴含着宝贵的教学资源，用新鲜的资源与教材相结合，因时而变，就能极大地展现思政课时政性和及时性较强的特点。同时，教师运用智慧教室、平板等新兴的教育技术手段丰富课堂教学，也能够提高学生的学习兴趣。在信息爆炸的时代，如果想学会从海量信息中精确找出自己所需要的信息，就离不开信息化思维的指导。思政课教师在日常生活中就要做信息时代的"有心人"，提高学习能力，适应信息时代的快速发展。

教师的"思维要新"，并不是盲目追求"新"，而应该是守正创新。时代的发展带来信息化、培育学生核心素养等各个领域的新变化，教师需要适应，需要与时俱进更新教学观念，提升教学技能。"思维"的"新"，并不是推翻原有的基础重新建立起一座新的大厦，而是辩证否定的，即否定之否定，在坚守基本的基础上进行更新、创新。习近平总书记指出，"要赢得优势、赢得主动、赢得未来，必须不断提高运用马克思主义分析和解决实际问题的能力"。[①]掌握科学的世界观和方法论，才能打下坚实的基础，为解决实际问题做好铺垫。在高校思政课的教学中，教师要坚持辩证唯物主义和历史唯物主义的思想，只有将辩证唯物主义与历史唯物主义学懂、弄通，运用到具体的教学实践中，才能深刻体会"新"的意义，课堂教学才有变革的内生动力。教师要从马克思主义哲学的宝库中挖掘思想的智慧，用与时俱进的思维讲好中国故事，在春风化雨的课堂中培育学生的学科素养。

（二）较强的教育科研能力

教育科研能力包括课程资源整合与研发能力、课堂教学的科学研究能力及撰写科研论文的能力。首先，一个合格的高校思政课教师应该具备课程资源整合与研发能力。一方面，教师要积极开发并合理利用校内外各种课程资源，完善基础教育教材管理制度，实现教材的高质量和多样化；另一方面，如今是"互联网+"的时代，信息化、学习化社会引起了教育教学方式的大变革，课程资源具有多元

[①] 习近平.在纪念马克思诞辰200周年大会上的讲话[EB/OL].（2018-05-04）[2021-12-10]. http://jhsjk.people.cn/article/29966126.

化和开放性的特点。这就要求思政课教师具有挖掘和整合各种课程资源的能力，使之更好地服务于课堂教学。其次，课堂教学的科学研究能力也是其必备素养之一。一名优秀的高校思政课教师必须具备自我反思的意识与团结协作的精神。自我反思是对课堂教学、学生及教师自身的反省与思考，是上好下一堂课的内在动力；教师与其他教师研讨、磨课，向有经验的教师请教、学习是上好一堂课的外在动力。最后，教师撰写科研论文的能力也十分重要。高校思政课教师应树立科研先导、以研促教的观念，以学习者、研究者的身份投身思想政治教育教学工作中，要善于总结自己的教学经验，在分析、借鉴他人研究成果的基础上提出自己的见解，进而在教学方法、教学模式上有所创新，积极开发校本课程，更好地服务于教学。

四、身心素养

新时代的高校思政课教师只有具备良好的身心素养、拥有强壮的体魄与健康的心灵，才能适应这一艰巨、复杂、多变的教育劳动，担当起培养时代新人的重要使命。

（一）身体素质

身体素质是教师职业素养中的非智力因素，良好的身体素质是高校思政课教师其他能力及素养提升的前提。

高校思政课教师若没有强健的体魄、充沛的精力，就难以承担繁重的教学任务和其他科研、工作任务。我们看到了教育领域在为培养全面发展的人而作出的努力，但不应该仅仅只是关注学生，作为培养学生的教师也应该注重身体健康。如果说学生尚未有锻炼身体的意识，需要教育部门、学校等进行体育教育，从而帮助学生锻炼体魄的话，那么作为成年人的教师是能够自我察觉到体育锻炼的重要性的，更需要自觉地参加体育运动、锻炼身体。

（二）健康的心理素质

身体素质固然重要，但在日益复杂多变的社会发展中，心理健康更是亟待重视的一项内容。一个教师要想培养出合格的社会主义建设者，必须具备良好的心理素养。心理素质是先天因素与后天因素的"合体"，指人在感知、想象、思维、观念、情感、意志等多方面的内容。心理素质是高校思政课教师素养结构的一个重要组成部分，从某种意义上说，它制约和影响着教师的能力的提升。健康的心理素质就是指具备健康的心理或心理健康。教师的心理素养包括一般社会心理和政治心理。正常的智力、健全的意志、准确的自我认知、完整的人格品质、和谐的人际关系、积极稳定的情绪、良好的环境适应能力都是教师心理素质的基本内容。健康的心理素质是教师适应社会，参与竞争的基本保证。新时代的高校思政课教师正面临来自学校、社会等多方面带来的压力，将压力化解为前进的动力需要教师在实践中不断磨砺意志品质，面对挑战与挫折，用冷静乐观代替灰心丧气，将自己克服困难的行动转化为课堂中有温度、接地气的事例，感化学生的心灵。

教师具备健康的心理素质除了能够缓解自身的压力、应对教学挑战、为实现自身的发展奠定基础之外，还能够为学生的身心健康发展增添新动能。在教育领域，与教师繁重的教学压力相伴随的是学生并不轻松的学习任务，在此压力下学生出现抑郁等心理健康问题的情况屡见不鲜，心理问题的调试除了需要专业的心理咨询以外，高校思政课教师的作用也至关重要。学生在校时间较长，高校思政课教师与学生接触的时间相对持久，更加了解学生，这为帮助学生缓解心理压力提供了天然的有利条件。思政课教师如果要为学生的心理健康提供帮助，首先自己也应该具备健康的心理素质，如果思政课教师的心理健康出现异常，可能会将不健康的心理状态传递给学生，这不利于学生心理的健康发展。

第二节 高校思想政治理论课教师队伍现状

一、高校思想政治理论课教师队伍建设取得的成绩

（一）年龄结构不断优化

随着时代的发展，越来越多的"80后""90后"加入了思想政治教育队伍中。从年龄结构来看，高校思政课教师队伍在老中青的结构上不断优化，形成了较为稳固的金字塔模型。同时作为出生、成长在互联网时代的"90后"，更加"知网、学网、熟网"，他们的加入，为思想政治教育队伍注入了新鲜的血液，为后期思想政治教育队伍建设转型提供了人才基础。

（二）知识结构不断优化

思想政治教育学科从创立至今的30余年时间里，无论是发展的规模还是发展的速度，在全国社会科学专业排名里都属于靠前的位置，培养学士、硕士、博士层次人才的专业体系全面形成，也为培养思想政治教育专业人才，提高思想政治队伍专业素质提供了坚实的学科基础。目前高校思想政治教育队伍的学历层次有

了大幅度提高，绝大多数高校招聘辅导员要求硕士及以上学历。相对于之前的思想政治教育队伍，现阶段的知识层级更加系统和完善，同时在网络知识了解和应用上实现了一大跨越，从而在网络技术维度上实现了寻求思想政治教育载体的多样化，以及思想政治教育题材多样化的更替。

（三）能力体系不断优化

思想政治教育队伍作为学生工作的排头兵，是思想政治教育输送的传导线，其能力要求非同一般。在移动互联网快速发展的年代，必须进行人才一体化建设，往纵向和横向进行T型人才发展，在传统的沟通、组织能力基础上，还要实现跨界融合的能力，实现多元化能力的集结。

（四）网络素质日益增强

随着移动互联网的发展，思想政治教育的环境实现了新的突破与发展。不管是在宏观政治、经济及大众传播环境，还是在学校、家庭、同辈、社区等微观环境，都对思想政治教育的方式及效果造成了冲击。而与此同时，新时代的思想政治教育工作者通过相关互联网理论知识的培训，以及与实践活动相结合，网络素质得到不断提升。这种提升主要体现在两个方面。

第一，主要体现在高校思想政治教育工作者对互联网时代下思想政治教育认识不断加深，对网络思想政治教育的理论研究与实践研究逐步加强，关于探索移动互联网思想政治教育创新的文章不断增加，众多学者开始思索在互联网背景下，如何进行思想政治教育方法的创新。

第二，主要体现在部分高校思想政治教育队伍应需而变，在应用互联网技术进行路径创新探索上提升较多，掌握最前沿的移动互联网工具来进行升级，知识结构不断完善，如基于思想政治教育场景案例进行翻转课堂革新；高等院校老师应用微信等通信工具，通过微信公众号平台推送思想政治教育相关知识等。

二、高校思想政治理论课教师队伍建设存在的问题

（一）思政课教师职业认同感较低

职业认同感指的是主体在所从事工作中的主观价值感受和情感认同体验。教师是否有职业认同感、职业认同感的高低程度直观影响着教师的从教意愿和价值感、获得感的收获程度，因而教师不仅需要做好自己的本职工作，还需要认同自己的职业，能在工作中发现价值感、成就感。在实际工作中，这份职业难免会有

一些不如意的地方，另外。受家人、朋友等的影响，部分教师也会对自己曾经认为最崇高的职业产生动摇，对自我的认可度降低。尽管这样的教师为数不多，但对于学生的影响却是深远而持久的，也不利于高校思政课教师队伍的建设和发展。

（二）思政课教师业务素养有待提升

1. 学习能力与创新能力有待提升

高校思想政治教育专业是一个特殊的专业，它是通过一定的思想观念与政治观念对学生进行有目的的影响，从而培养他们成为社会所要求的可用之才。高校思政课教师的工作不仅要教授书本上的理论知识，同时还要对学生的思想方面进行指导，这无疑是对高校思政课教师的双重挑战。在现有的理论基础上，思政课教师需要不断地学习研究，对学科进行新的创新与实践，不能只是掌握现有的知识而止步不前。社会在进步，思想观念也要随之不断更新，有些教师会对理论知识产生厌倦感，对自身职业不认同，对一些教学方法不加以创新，使得思想政治教育成为一个只有书本理论知识却没有思想精髓的学科，学生对这一学科也会产生枯燥感。学术研究没有创新点，学科就不会有新鲜感，就会导致学科建设落后于其他专业。有的思政课教师认为思想政治教育的创新并没有实际用处，而且这个专业的学术研究理论成果少，就会失去研究的动力。如此往复形成恶性循环，会使整个思政课教师队伍失去应有的活力，不利于其专业能力和学术研究的深入发展。

教师更新教育教学理念、学科知识体系，掌握新的教学技能与学习能力的提升息息相关。新时代的高校思政课教师原有的教育原理、学科知识和授课技能已经无法满足教学需求。基础教育改革的新理念、学科发展的新要求只有通过教师学习、领悟并将其运用到课堂实践中才能真正推动思政课教学效果的改进与提高。培养时代新人的任务要求高校思政课教师改变原有的教育理念，实现从"知识导向"到"素养导向"的转变。在目前的教学中，由于诸多原因，许多高校思政课仍未摆脱原有的授课模式，同时，高校思政课教师缺乏改变的勇气与动力，致使新的教育理念的学习仍然停留在表面，尚未真正落地生根。许多教师除了参加相关的培训之外，很少在课余时间进行新知识的学习。

此外，将专业知识与现代信息技术进行整合、高度融合是教师运用信息素养的较高境界。受教育环境等因素的影响，大部分高校思政课教师基本具备信息技术操作技能，都能在教学中主动使用计算机等多媒体教学媒介，但是仍有部分思政课教师是被动使用的；有些教师仅仅把信息设备作为辅助教学的演示工具，只有少部分教师能够在进行情境创设时利用信息技术；相当一部分高校思政课教师对新媒体技术的应用还停留在表面阶段，不能达到驾轻就熟的境界；部分高校思政课教师仍然使用传统的组织教学方式进行教学活动，而运用信息化方式开展教学活动的较少。因此，高校思政课将课堂教学与现代信息技术相融合的教学实践还有推广与提升的空间。

2. 思想政治修养有待提升

教师在文化的传承与人才的培养中的作用是不容置疑的，因此高校思想政治理论课的特殊性更决定了高校思想政治理论课教师的重要性，党、国家和社会对高校思想政治理论课教师高度重视，给予其很高的角色期待。对高校思想政治理论课教师进行直接的意识形态输出和渗透困难很大，因为在人类的思想发展史上，直接意识形态的渗透会引起人们的反感和警惕，特别是对作为社会主义意识形态的教育者的高校思想政治理论课教师来说基本是不容易做到的。然而在全球化背景下，西方把其意识形态进行加工再处理，将其渗透到各行各业，在内容上也有很大的隐蔽性。当前西方一些人文领域的著作在中国高校中占有很大的比重，大多数人文社科类的著作内容中都或多或少地带有西方意识形态的内容，给很多高校思想政治理论课教师也带来很大的迷茫，在错综复杂的文化元素中，他们很难做到正确的取舍。在这种情况下，一些原本政治意识坚定的思想政治理论课教师也容易把西方意识形态的一些内容嵌入自身的意识中，甚至在西方的影响下，在理论界和高校中还出现了一部分比较激进的学者和教师，在高校教学中对学生产生了影响。自古以来，教师的言论是比较值得学生信服的。因此，高校教师必须对马克思主义理论真学、真懂、真信，全面提高各方面素质，才能抵制西方意识形态的渗透和影响。

此外，有一部分思政课教师缺乏正确的政治理想和信念，在生活中容易受到享乐主义和拜金主义的侵蚀。在当今社会主义经济快速发展的情况下，有的思政课教师利益主义思想严重，他们对金钱的渴望远远大于对教书育人的渴求，甚至有个别的思政课教师开始谋求"副业"，影响对教学工作的创新。

（三）青年教师队伍建设不足

1. 队伍建设的重视不足

高校的思想政治理论课青年教师队伍要想发展，关键要靠国家教育部门的及高校对其进行特别关注。有些学校正是因为对这支年轻的队伍重视不足，导致高校思想政治理论课青年教师无论从教学水平还是教学质量上，都与其他学科产生了一定的差距。一些高校认为思想政治教育这门学科并不能产生实际效果，是精神层面的学科，并不像其他理工科有较深层次的理论修养与专业技术，会直接产生一些理论成果。对于有些思政课教师而言，这门学科是一种公共课，直接去上课就可以，甚至有些教师的教案也是一用再用，给这届学生上课用完给下届学生继续用，并没有对这个学科进行深入研究。一些学校对此采取放任的态度，不会经常性地组织学习研究，使得教师的科研水平与教学质量严重下降，授课内容变成了"老三套"。一部分青年教师顶着学校要出科研成果的压力，为了减轻压力对其他教师的研究成果直接抄袭，给这门学科也笼罩上了虚高的现象。就学生上课情况来说，学生的态度也不积极主动，不会主动预习，有的学生逃课，甚至有的学生在课堂上睡觉。这些情况都造成了思想政治理论课这门学科在科研领域发展的道路上落后很多，也与国家出台的教育方针政策的初衷背道而驰。

2. 部分教师政治信仰与价值观偏离轨道

就高校思想政治理论课青年教师队伍来说，其整体的政治觉悟还是比较高的，队伍的主流思想还是符合党和国家的要求的，但是还有部分教师的信仰与主流思想产生了一部分差距，信仰不够坚定。随着社会的不断进步、市场经济的迅猛发展，多元化思想的影响日趋显露。一部分青年教师受到多元化思想的冲击，渐渐地腐蚀着马克思主义在其心中的地位，导致其对马克思主义理论产生了动摇。在教学过程中，由于一些马克思主义的经典著作被束之高阁，青年教师并不能正确地运用原理知识给学生进行准确讲解，使得学生无法正确领悟到知识的核心内涵。部分青年教师对待教学任务得过且过，甚至对所教授的内容产生了怀疑，并不能将自己的热情调动起来投入教学工作中，这样的工作态度不仅使得学生学到的思想政治理论知识大打折扣，并且也会制约高校思想政治工作的开展。

部分教师由于政治信仰不坚定，对于自身的职业也产生了认知偏差。他们认为教思想政治理论课是很轻松的，不用每天钻研，上课敷衍了事，走个过场就可以了。其讲课过程也是"吃老本"，课堂氛围不活跃，对学生的思想状况更是漠不关心，只是一门心思把注意力放到评职称上面去，又或者去做自己的事情。有极少数的青年教师的心思完全不在教学工作上，一门心思想着谋求一份薪酬更高的工作。

对于这部分青年教师来说，其价值观已严重倾斜，他们缺乏敬业精神，利己主义思想严重。其对待工作与生活，只要是可以获取利益的就会去做，完全忘记了自己当初的政治信仰。有的教师对金钱的渴望远远大于对教书育人的渴求，在外兼职代课赚取外快，完全没有心思对教学工作进行总结与创新，使得专业知识得不到更新，无法及时把握当下时事动态，导致教学内容一成不变，学生学习不到新知识，为整个思想政治理论课青年教师队伍蒙上了一层阴影，也损害了队伍建设发展、前进的脚步。

3. 队伍建设相对不够稳定

在当前市场经济蓬勃发展之际，社会物质财富积累急剧加速，人民生活水平不断提高。不同的职业所创造的经济效益是不同的，许多行业如投资、银行、房地产等能够直接产生经济效益，回报的利润也很丰厚。但是高校教师这个行业，所从事的是教书育人的工作，并不能产生直接的经济效益。

对于高校思想政治理论课青年教师而言，许多教师的教龄并不长，大部分是刚毕业就到学校来任教，工资待遇是基本的工资标准。这个学科并不像其他理工科一样，科研成果也不是很多，大多数教师是靠增加代课次数来提高工资水平的，学校对这门学科也缺乏重视，因此福利待遇也相对较少。有些年轻的教师会在外面挣一些外快，来弥补经济上的短缺，有些教师会希望转向学校的行政岗位，不再进行课堂教学工作，致使这些教师并没有在这个学科上投入太多的热情，骨干教师的流失也很严重。另外有少部分青年教师对这份工作持可有可无的态度，得过且过，对这个工作并没有抱太大希望，教学工作也不认真对待。当然，大部分青年教师还是在思想政治理论课教学中投入大量心血、积极进取、努力搞科研的，但在社会大环境的影响下，有些外部原因可能会使他们分心，不能专心地搞本职工作。这就很大程度影响了这个学科队伍建设的教学质量，导致其创新能力不足，科研产出量呈下降趋势。

（四）思政课教师培训不足

在培育形式上，对高校思政教师的培训通常是集中培训，主要以讲座、观摩课、线上教育培训等为主，教师以旁观者身份被动接受培训。由于集中培训无法考虑到学校、学生、教师自身的差异，对于部分教师而言，培训内容无法应用到实际课堂中。同时受到集中培训时间、空间限制，一些年龄较大的教师及需要兼顾家庭与工作的教师不愿意参与培训，导致培训主要集中在年轻教师身上。培训多是自上而下、层层推进的，但在培训过后缺乏及时跟进政策，缺乏对教师培训效果真正意义上的检验和回岗后在教学实践上的成果转换，导致大部分高校思政课教师认为培训只是完成任务，并且即便检验教师参与培训效果也是以教师是否到场为主，形式大于内容。

在培训内容上，对于教师个人各方面素养提升没有足够重视。培训内容侧重于通识性知识，缺乏对思政课学科、学段的针对性。对思政课教师进行培训的教育人员大多不是一线教师，培训内容往往以理论研究为主，对于实际教学过程中出现问题如何处理方面的知识与方法很少涉及。培训内容缺乏针对性，导致从教师个人到所在学校并不重视培训，以应付公事的态度参与其中。培训内容缺乏吸引力，部分教师认为培训就是工作压力之下的休息时间，培训时玩手机、补教案等现象已不是个例。培训仿佛成为一种学校、教师必须参与的任务，而不是提升教师专业素养发展的方式。培育形式与培育内容不能满足高校思政课教师个体发展的差异性，对于教师个人在教育教学过程中存在的问题不能及时发现，并不能真正解决教师的疑难问题。

（五）考评机制不健全

1. 评价机制不科学

教师要取得高素质发展，需要建立相应的评价制度进行引导。传统评价制度正在成为思政课教师队伍建设发展的阻力。部分学校以学生考试成绩评价教师，将此作为教师职称评定与业绩考核的主要因素。针对高校思政课而言，高校以学生考试成绩作为教师主要评价因素，会造成教师功利化，课堂以学生掌握课本知识为主，忽略对学生的知、情、意、信、行的培育，也降低了教师专业能力发展的热情。

部分高校以教师自评为主，加上学校的领导、教师对其进行评价，收集教师上课的一些反馈，其主要目的是提升教师各方面的素质，最终提高教学质量。然而，这种教师评价机制存在一些问题。

首先，评价主体的设置不够科学。我们应该建立多元评价主体，既要以教师自评为主，同时又兼顾学校、学生、同事、家长和社会其他评价主体。虽然说评价离不开教师的自我评价，但是教师的自我评价有时并不能完全做到公正客观，并不能在教师评价主体中居于首要地位。

教师评价的首要主体应是学生。教师的言行举止只有学生最为清楚，将学生的评价结果及时反馈给教师本人，对其能力的提升是最直接的。学校领导、同事、家长对教师的作为可能知晓，但也许是不完整的甚至片面的。当前，大部分学生并没有获得评价资格，他们的评价也很少受到应有的尊重。教师评价体系中学生的评价权重较小，这无疑影响了评价结果的客观性、公正性，也无益于高校思政课教师队伍的建设和发展。

其次，评价机制带有浓厚的行政主义色彩。学校往往按照统一指标评价每一位教师，并未看到教师自身的个体差异。这种简单化一的指标量化方法是否科学、合理，是不是当事人真实意愿的表达，是值得我们商榷和思考的。总之，这种单一的评价标准不利于高校思政课教师的发展，扼杀了教师的个性，更不利于高校思政课教师队伍的发展。

2. 激励制度不健全

为了更好地提升教师对工作的积极性，学校会制定一些制度来鼓励教师对教学工作作出的贡献。在各个高校里，相较于其他专业的教师数量，思想政治教育专业的教师数量并不多，但是进入高等学校上学的学生数量却是逐年增加的，这就给思想政治教育专业菜的教师们带来了不小的压力。思想政治理论课是每个学生必修的课程，由于是公共课，每个课堂的学生数量较多，教师上一堂课的体力和脑力消耗很大。在奖金、福利待遇等方面，大部分教师享受的与其他专业教师相同，但有些会低于标准水平，这会造成部分教师心理不平衡，导致对工作的热情程度有所降低。许多高校都有自己的重点实验室和重点培养专业，代重点课程的教师除了基本的工资收入外，还有额外的科研补贴和科研基金，福利待遇方面也会比普通教师要好。思想政治教育专业在学校里并不是一个吃香的专业，相应的福利就会低很多，使得教师之间的工资水平不在一个层次上。学校在制定一些福利规定时，对于思想政治理论课教师考虑不全面，他们不仅要按时按点地完成每周的教学任务，还要批改作业、认真备课等。由于上课的学生多、工作量大，使得许多思政课教师压力较大，对教学工作的研究时间较少，影响了教学质量。对于部分思政课教师而言，如何解决付出多收获少的问题是队伍建设过程中一个大的难点所在。

3. 考评忽视移动互联网的因素

高校思想政治教育的形式和载体在移动互联网的影响下，也发生了很大变化。对于领导干部队伍而言，他们既是高校思想政治教育工作的领导者，也是教学工作和学生管理考核评价政策的制定者。由于他们大多处于思想政治教育队伍金字塔的塔尖或者塔身，相对年轻队伍而言，对移动互联网的变化发展敏感性较差。思想政治教育的实践成果鉴定一向以定性为主，主观因素占比较多，传统思想政治教育的实践考评体系比较单一和落后，没有与时俱进，没有跟进移动互联网的发展及时更新。

互联网时代下思政课教师队伍建设路径创新探索，其动力来源于对传统考评进行改革和完善，必须综合考虑将移动互联网作为新载体、媒介作为新要素参与进来，而在这方面，我国高等院校思想政治教育体系发展较为滞后，具体表现为以下两点。

①在具体思政课教师队伍职业资格准入资质考核上，除了政治立场考核外，知识和能力测试以传统的理论性知识为主，如马克思主义经典理论及相关的政治概念，对于互联网知识技能运用实操性考核较为缺乏。

②在进行学年思想政治教育成果评比时，主要量化为学术成果，座谈会召开的次数，所在班级的成绩、考勤等行政事项，而缺乏对网络化思想政治教育路径创新性研究的考核。对于思想政治教学队伍和辅导员队伍而言，教育者利用移动互联网开展教学工作所占的考核权重小，甚至没有相应的考核内容和评价标准，这直接削弱了教育者利用移动互联网开展教学及创新性研究的积极性。从考评方式来看，主要是人工定性为主；从考评内容来看，移动互联网教学、搭建移动互联网平台、提升网络素养、丰富移动互联网载体等方面的考核，未具体体现在思想政治教学队伍和辅导员工作队伍的考评标准制定过程中，或者涵盖内容少。

（六）高校经费投入不足

高校对于学科教育研究所投入的经费，对该学科科研成果的产出量起到非常关键的作用。当前，大部分高校只有部分教师有参加学校给予的培训进修的机会，这个人数占教师队伍总人数很少的一部分；部分教师参加过培训，但是数量有限；部分教师没有参加过培训。相比较其他学科的教师来说，思想政治教育学科的教师参与培训的数量与次数还是有一定差距的。

学校给予科研经费的目的在于鼓励和支持学科建设的创新，这也正是教师能够全身心投入科研建设的一大因素之一。由于思想政治教育学科的特殊性，得到创新成果是有很大难度的，产出量也是很低的，所以学校对这门学科不会投入太多的经费。但是思想政治理论课的青年教师正需要大量的培训与进修才可以面对日益更新的社会，只有掌握第一手的资料，才能了解关于课程教学的新信息，进而把学到的理论运用到自己的教学工作中，提高教学质量。

由于经费不足，参加的培训机会少，部分思政课教师会感到力不从心。随着学校对教学工作愈发严格的管理，要求教师提高自身的教学水平，但是思想政治教师参加进修机会少，不能更新一些新颖的教学理念与教学方法，致使其教学水平难以提升。

（七）互联网的发展给思政课教师队伍带来的挑战

1. 思政课教师的权威性被削弱

传统的思想政治教学方式中，一切信息都经过教育工作者的精挑细选，整理过滤后传达给大学生，通过对课程的严格编排设计，使得教育资源具有权威性和可控性。然而，在移动互联网发展成为社会潮流的当下，对教育者提出了更高的要求。第一，移动互联网的无壁垒特点，使得信息呈现平等性，打破了以往教育按照层级传播的方式。学生和老师能够站在同一起点获取同样的资源，甚至还能比老师知道得更深、更广，从这一角度而言，学生也成为教育资源的提供者。第二，移动互联网的开发性和时效性的特点，使学生参与课题的主体性得到了提高。在传统高校课堂上，学生只能听老师讲述知识，对于老师提出的问题，也只能在下课后查询相关资料才能辨明，这样就使很多学生不愿参与课题讨论。而移动互联网能够使学生在任何时候、任何地点获取知识，学生在上课的时候就可以用手机查询相关资料。如果对老师的讲述产生了疑问，学生只要用手机查询并加以核对，便很快能解决疑问。这增加了学生学习的积极主动性，有利于激发学生进行自我教育，但是也增加了思想政治教育工作的难度。

2. 思政课教师主导地位受到挑战

传统的课堂中，教师占据着中心，拥有着知识、能力等方面的绝对优势，课堂上传授的知识也是经过了教师的严格筛选，教师可以根据教学大纲对知识进行精细的设置，将其灌输给学生，而学生只是被动接受信息，听取课堂上教师教授的知识，一般没有任何的自主权和选择权。大数据时代，通过互联网，高校学生可以根据自己的需求，及时获取各类信息，他们接受的信息量有可能超过教师，教师不再是知识的主要来源，其主导地位受到挑战。

3. 思政课教师运用大数据的能力有待提高

首先，大数据的分布广泛，收集困难。大学生产生的数据分布在学校、家庭、社会的各个地方，对于目前高校思想政治教育工作者来说，运用这些数据，从技术上和人力上都有很大的难度。其次，大数据的种类众多，存储困难。大学生产生的数据可以是图书馆借阅图书的数据、可以是食堂的消费数据、可以是宿舍的进出情况的数据、可以是网络购物情况的数据、可以是贴吧跟帖情况的数据。这些种类众多的数据如何存储，是困扰思想政治教育工作者的另一大难题。最后，大数据的处理、分析能力不足。大数据分析技术涉及的范围十分广泛，包括数学科学、计算机、教育、统计等多个领域。当前时代下,思想政治教育工作者由于缺乏对数据的分析运用能力,数据的作用也无法在现实中得到有效发挥。

4. 思政课教师运用移动互联网工作能力差

对于老师而言,他们运用移动互联网学习、工作、社交的时间会远远少于学生群体。从整体上看,高校思想政治教育工作者应用现代信息技术的能力是比较欠缺的。这主要缘于高等学校思想政治教育者的年龄结构分布、思维行为习惯、工作方法、对网络运用的熟练程度等方面。高校思政课教师队伍按照年龄层次来看,年长者比例较高,多集中在35岁以上,年轻者比例相对较低。

受年龄的差异所带来的精力的限制,年长者对移动互联网的接受和运用程度明显不如高校大学生,从他们手机上安装的移动应用软件的数量多少就可看出。老师对上网特别是手机上网这种新事物的接受能力和学习应用能力是落后于青年大学生的。

大部分老师习惯通过传统书籍查询资料、阅读纸质版数据。尽管移动互联网从基础的娱乐沟通、信息查询,到教育、出行等公共服务,塑造了全新的社会生活形态,高校学生与老师的交流互动在线上变得频繁和容易,但是大部分老师和移动互联网的联系并不密切,除了日常的电话、短信沟通,很少有人用手机关注微博、通过移动网络开展教学工作。此外,部分思想政治教育工作者除了日常的教学任务,还需要完成大量的科研和管理任务,缺乏精力去学习新事物,致使他们对网络和手机的功能和效用缺乏足够的认识,简单地认为移动互联网占用了琐碎的时间,是无用功,这就使得移动互联网的优势难以在思想政治教育工作中发挥出来。因此,在具备扎实理论知识和专业知识的同时,高校思想政治教育工作者还需要具备足够的网络意识,能熟练运用移动互联网新技术于教务、教学之中,将移动互联网新技术与自己的知识有机结合起来,才能拥抱时代带来的机遇和挑战。

5. 缺乏专业化移动互联网队伍

移动互联网作为思想政治教育的新载体、开展意识形态斗争的新舞台,成为马克思主义意识形态和非马克思意识形态"短兵相接"的新阵地。要想牢牢掌握新阵地的优势主导权,关键在于建立一支政治观点鲜明、业务素质强硬的移动互联网专业化人才队伍。面对移动互联网带来的信息媒介、传播方式发生深刻变化的背景,高校应该建设专业化移动互联网思政课教师队伍,主抓移动互联网平台建设,唱响主旋律、引导网络舆论。但是实际上大部分高校的思政课教师队伍中,缺乏专业化的移动互联网思想政治教育人才。这种人才急缺局面主要体现在两个层面。

第一，缺乏专业化移动互联网的应用型思想政治教育人才。当今社会思想意识多元多样，高校网络平台建设与管理要与时俱进，不断探索新思路、新方法。部分高校的网络平台建设滞后，忽视网络意识形态建设，面对重大突发事件，未能及时疏导，高校校园 BBS 等网络舆论平台内容枯燥，需要专门的移动互联网技术人才，更新升级移动互联网络平台；需要专门的移动互联网教学队伍来制作精品课程、课件。新的时代呼唤新的跨界人才，移动互联网的影响力已逐步成几何级数爆炸式增长，但与此相对应的却是人才断层。

第二，缺乏对移动互联网法治监管型人才队伍的建设。互联网时代是信息泛滥的年代，移动互联网工具带来信息便利的同时也触发了网络谣言、虚假信息、情绪化的负面之词，导致了各种语言暴力甚至群体性的网络语言暴力事件，大批民众涌入公共领域竞技场，来实现零和博弈的非理性言语斗争。目前，在意识形态领域，移动互联网法律监管机制尚未成熟，网络暴力事件预警机制也尚待健全，而拥有法律专业性的移动互联网思想政治教育人才凤毛麟角，这方面的落后在一定程度上也影响了思想政治教育的实践发展。

第三节　高校思想政治理论课教师队伍的优化策略

一、制定并完善各项方针政策

随着社会的发展，对高等教育的重视也逐年提高。高等教育处在教育金字塔的顶端，它的发展快慢直接关系到未来社会发展的程度。改革开放以来，国家对高校教师队伍的政策不断变化，教师队伍的发展也取得了许多成绩。思政课教师是高校教师队伍中的重要组成部分，尤其是思想政治理论课青年教师，他们与学生的年龄相近，对学生的思想影响更大。因此国家制定的相关政策，可以更好地鼓励思政课教师积极发挥专业特长，专心投入学科建设中。

近些年来，我国经济呈持续增长状态，发展的速度也是世界上最快的，但是对高校思想政治理论课教师队伍的投入却不大，占国民生产总值的比例也较低，很重要的原因是没有认清思想政治教育在整个高等教育中所占的重要地位。思想政治教育属于思想精神层面的教育，虽然没有直接快速的回报，但是其思想却可以影响社会价值观的形成与发展，对未来社会该如何发展具有关键性的作用。国家需要对思想政治理论课教师给予更多的科研奖金和科研机会，鼓励思政课教师创新科研成果，尤其是青年思政课教师，他们思想活跃、创新能力强，对专业有很大的热情，如果能有相关政策的倾斜，他们可以说是高校思想政治教育专业的创新源泉所在。

随着时代的发展、教育的进步，国家需要建立健全符合高等教育发展规律和教师成长特点的高校用人机制，通过调整高校教师人才结构，打造一套适于教育发展的良性循环体系。为思政课教师搭建有利平台，让一些在教学科研方面成绩突出的青年教师可以直接晋升，带领其他青年教师做出更多的教学科研成果。总而言之，可以通过一系列的相关政策的倾斜及正向激励，使思想政治理论课教师对本职业的前景有所展望，更好地把主要精力投入教书育人的工作中，取得更佳的效果。

二、提高思政课教师准入制度

提高教师准入制度，保障教师合法权利。高素质教师队伍的建设应从源头抓起，那就是要提高教师的准入制度。并不是所有人都能够胜任高校思想政治理论课教师这一职业，各高校在招聘思想政治理论课教师时，除了对学历的要求之外，还要高度重视应聘者的思想政治素养与业务能力。相应的，高校也要提高教师的福利待遇。思想和利益是密不可分的，每个应聘者都有自己的求职动机，都希望能够获得高薪收入。倘若高校思想政治课教师高门槛入职后仍与其他专业教师的工资福利待遇一样，势必会使他们情绪低落，丧失工作热情。尤其是对于刚入职的青年教师来说，这是他们人生中的第一份工作，希望能够实现自身的价值，而价值实现的前提是获得相应的物质财富，物质上得到满足后，对自己所从事的职业的认同感也会上升。除此之外，国家应该加大力度保障教师的各项合法权益，严把质量关，做到公平公正。

三、合理分配社会资源

高校思想政治理论课教师队伍建设的发展，并不能只依靠国家教育系统内部管理，还需要社会各部门、机构相互配合，让社会资源得到充分利用，才能更好地发挥教育的优势，提高思政课教师队伍建设水平。加强高校思想政治理论课教师队伍建设，需要党政机关统一领导、党员群众积极参与，不断改进领导机制和教师管理机制，形成党政领导与高校领导配合管理，动用各方力量，共同推进高校思政课教师队伍管理建设，为这支队伍提供可靠的保障制度、营造和谐的社会氛围。

在日常工作中，党组织可以充分发挥其自身资源优势，调动社会各部门的力量支持高校教师队伍建设。在党委领导的带领下，亲自考察目前高校思政课教师队伍现状，积极联系社会各机构，在力所能及的范围内，对教师队伍提供相应的帮助，为他们的发展提供基础保障。针对部分青年教师在教学工作及科研工作中的问题，政府机关可以与社会学术团体进行协商，经常性地安排高校思想政治理论课青年教师与社会中的精英组织开展不定期的学术讨论，让社会上一些从事其他工作的优秀人才，为青年教师提供一些独特视角的学术新观点，使青年教师以一种新思路去探讨科研方法，益处颇多。

在教学方法上，高校可以请一些知名大学的教授与青年教师一起，分享经验、共同交流，促进思想政治理论课青年教师教学水平的提高。同时，政府机关可以寻求新媒体的支持，通过网络、电视、报纸等传播媒介，引起社会各界对高校思想政治理论课教师队伍建设的重视，积极报道优秀教师榜样，大力宣传教师对于高等教育发展的重要性，为高校思想政治理论课教师树立榜样，营造良好的舆论环境，通过社会各界的广泛支持与关注，进一步推动高校思想政治理论课教师队伍建设的发展与提高。在群众基础建设方面，政府应积极为群众宣传高校思想政治理论课教师在学生思想教育方面所起的重要作用，为队伍建设打下坚实的群众基础。在具体操作方面，高校可以不定期地邀请学生家长及关注高校思政课教师的群众参加演讲会，通过演讲与展示，让他们切实了解思想政治理论课教师的日常工作及一些教学思想，真切地体会这一课程对学生思想教育上的引导作用，促进家长和社会形成积极、正向的良性舆论导向，为高校思想政治理论课教师的工作开展打下坚实的群众基础，做到让群众支持、理解并赞成思政课教师教学工作方法与理念。同时，群众也可以督促思政课教师完成他们应该完成的工作任务，思政课教师可以不定时地向社会展示自身教育工作进程与教学思考，接受社会舆论的监督，让队伍建设在一种良好氛围下积极发展，通过社会的反馈信息，把自己的教学科研工作做得更好。

四、加强思想政治教育专门人才培养

加强思政课教师队伍建设，必须要加大培养思想政治教育专门人才的力度。

首先，要进一步提升马克思主义理论学科人才培养水平。在培养思想政治教育专门人才的过程中，一方面，在培养教学型人才时，既要注重教师科研水平的培养，又要重视教学能力的提高，保证培养出来的人才，综合能力较强，能够符合高校引进人才的要求，满足思政课教师队伍建设需要；另一方面，在培养日常思政工作管理型人才时，做到人才培养与教师需求相对接，这就要求高校必须根据高校管理人才要求，着重培养人才的辅导员职业能力和党政管理能力等，提高人才质量。其次，要加大对思想政治教育专门人才的培养力度。有关部门要适当地进行政策倾斜，在相关学科点招生时，稳步增加招生名额，鼓励在职教师接受再教育，加强人才供给。最后，思想政治教育专门人才就业时，国家要加强引导。适当提高思想政治教育专门人才待遇，让思想政治教育工作成为学生理想的就业岗位，以确保相关人才能够"输送"到高校思想政治教育工作岗位。

五、建立合理人才引进体系

思政课教学存在大班教学、师生比例失调等现象的主要原因是教师短缺。要加强思政课建设，必须建立合理的人才引进体系，为教师队伍建设提供重要保证。

首先，要确保引进教师的质量。这就需要高校党委和人事部门相互配合，开辟绿色通道优先解决思政课教师的编制和待遇问题，成立专门的思政课教师引进考核队伍，在考核思政课教师的过程中要"两手抓"，既要抓教学，又要抓科研，对其进行全面评价考核，确保引进优秀师资。

其次，要"宽领域"地引进人才。引进思政课教师，不能仅仅局限于马克思主义理论学科，对其他历史类、政治类和经济类等相关人文社科专业，可以在通过考核的基础上给予考虑；对思政课新教师的学术经历、专业背景的要求，要在考核其学术和教学能力的基础上可以适当放宽。

最后，高校可以吸收部分有思想政治教育工作经验、有较好教学能力、有极大教学热情的思想政治教育工作者，转岗到马克思主义学院参与教育教学，形成一个高质量、宽领域、多渠道的教师人才引进体系。

六、完善思政课教师培育培训

在经济全球化的影响下，网络与信息技术迅猛发展，科学知识快速传播，终身学习成为一种潮流。高校思想政治理论课是一门紧跟时代步伐又密切联系马克思主义理论的课程，对于思政课教师来说，只有不断学习，才能更好地开展教育教学实践活动。针对岗前教师和职后教师的不同特点，高校必须针对思政课教师的整体学习进行有效的规划。因此，学校应组织思政课教师进行有计划、周期稳定的培训。

（一）加强在校期间教师育人能力培养

要培养好老师，首先，要做好思想政治理论课教师专业知识教育工作。一方面要做好专业理论知识的学习工作。新时代高校思政课教师"预备军"要想在步入工作岗位后准确把握新教材，满足党和国家对思政课教师的厚望，师范高校必须要对其加强学科理论知识教育工作。不仅要注重对其进行马克思主义理论知识教育，还要加强思想政治理论学习工作，做好中国特色社会主义、党的发展历程教育工作，使思政课教师队伍"预备军"保持清醒的头脑，将思想政治理论课放在重要位置上，推动未来的思政课教师做到回首过去、立足当下、展望未来。另一方面要做好教育学相关理论教育工作，包括教育学基础、教育学方法论、教育心理学等。为了培养出符合用人单位需求的高校思政课教师，师范高校应该尽可能缩小课堂教学规模，提升课堂教学效率。专业课程教育方面要针对高校思政课教材做好分析研究工作，使师范生在进入职业岗位之前就对教材有一个整体把握，可以针对教材内容补充相应的科学文化知识。

其次，加强口语表达能力训练，系统提升师范类学生的口才。师范高校要针对用人单位需求，结合学校实际情况，丰富专业课程设置，增加口语表达能力训练的机会。学校可以开设专门的口语训练课，规范师范生教育教学专业术语表达。还可以通过举行讲课比赛、说课评课比赛、教学设计比赛等多种形式的活动，由专业教师进行点评，在活动中提升师范生口头表达能力，发现学生存在的问题并解决问题。对于高校思政课教师的预备军，学校还可以要求学生观看《新闻联播》等节目，既可以使学生及时了解党和国家的最新方针政策与时政热点，还可以使其学习新闻主播的口语表达，提升自己的普通话水平，学习正确的发音方式。

（二）做好在职教师教育教学培育工作

1. 提高高校思政课教师育人能力培育的针对性

学校要在遵循教育部门对教师培育提出的方针、政策的基础上，结合学校的办学特色及高校思政课教师的教学实际情况提出有针对性的培育措施。第一，学校要意识到教师的阶段性。按照心理学上讲，每一名教师都会经历三个阶段，即新生期、平淡期和倦怠期。而教师要形成自己的教学风格会经历四个阶段，首先是模仿，其次是逐渐转向独立，再次是创造自己的风格，最后是形成自己的风格。学校要正确认识到教师的不同阶段特点，提供有针对性的培育制度。第二，学校要搭建教师与培育人员的交流平台，让培育人员发现更加直观、个性化的问题，从而"对症下药"，寻找解决策略。学校还要建立教师间学习交流平台，发挥优秀教师示范课的作用，教师通过听课、说课、评课等方式意识到自己与优秀教师的区别，学习其教学过程中好的教学方法。第三，严把培育考核关，在进行完一轮培育后，由问题较大的教师以上公共课的形式展示培育是否达到预期目标。

2. 提高培训实效性

教师职后培育是促进教师育人能力提升的有效途径，因此学校要与专业机构协作，保证培育高效进行并真正落到实处，尽可能避免占用教师过多时间。第一，增强培育内容的实用性，做到理论与实际相结合。学校在与专业机构合作进行培育前，要做好充分的调查工作，根据教师需求设置培训课程，提升培育的实效性。第二，完善培育模式，以理论与实践相结合的方式进行培育，设置开放性和创造性的培育形式，尽可能调动各阶段教师的积极性，以充分发挥培育的作用。

3. 加强现代化教学技术的培训

新时代背景下，应对高校思政课教师的现代化教学技术进行培育，使其课堂教学更加高效且富有吸引力。学校对教师的现代化教学技术进行训练，通过教师对网络媒体的熟练运用，可以获取更加丰富的教学资源、创新课堂教学模式，使高校思想政治理论课视野更广。在新时代，科学技术取得突飞猛进的发展，要达到高校思政课教师传统教学与现代化教学技术深度融合的目的，就要充分发挥好网络平台的作用，满足不同时间、不同地点、不同层次教师的需要。

4. 丰富培训形式

思政课教师的培训应该以教师为中心，从思政课教师的需求出发，促进思政课教师的全面发展和整体素质的提高。除了平时的网上继续教育培训，高校还应拓宽培训渠道。比如教研研讨、专题培训、讲座培训、分层培训等。开展多形式的培训方式，能够满足思政课教师多方面的学习需求，为思政课教师的专业成长提供坚实的保障。

（三）构建学术交流平台

一是设立高校思政课教师学术交流专项基金。学校应积极鼓励思政课教师参加各种学术会议，要求教师提交高质量的学术论文，以保证会议经费的有效使用。

二是建立跨学科交流机制。高校可以组织相关学科的教师进行交流研讨，针对自己课堂教学遇到的问题、探索出的新教学方式方法、近期的学习心得等都可以进行交流借鉴，以创新思维、取长补短。三是开展学术竞赛活动。为提高高校思政课教师的科研水平，学校可以开展学术竞赛活动，征集优秀的科研论文进行评比，并设置一定的物质奖励以激发教师的积极性，组织各个学科的教师进行切磋交流。四是构建校际学术信息交流平台。由于各个高校的办学特色、历史文化积淀的差异，其所举办的学术交流活动也不尽相同。同时，不同学校的教师的教学理念、科研成果也各有千秋。因此，高校应为教师提供各具特色的学术交流活动，尽量避免学校围墙给学术交流活动带来阻碍。应加强各个兄弟学校的交流合作，组织教师积极利用学校周边的学术资源，到兄弟学校听讲座、进行学术交流。五是构建国际学术信息交流平台。思想政治教育属于意识形态范畴，有人认为思想政治教育无法国际化，因为一旦国际化，就是我们吸收了西方资本主义的意识形态。其实这完全是无稽之谈，因为构建思想政治教育国际交流平台只是为了吸收借鉴其他国家优秀文化成果、有益于思政课教学的教学经验及创新教学模式等。

七、打造和谐发展环境氛围

（一）营造支持思政课发展的社会氛围

思想政治学科是与社会发展紧密联系的学科，学科的发展脱离不开社会大环境的支持。高校思政课教师作为社会系统中的一个重要组成部分，"社会人"的角色定位预示了高校思政课教师素养提升与社会的紧密联系。

近年来，社会主体多元化趋势随着市场的积极发展而明显增强，人们拥有更多的发展机遇和发展道路，主体选择性不断提高。然而有一部分尚未全面接受系统教育的人在市场经济浪潮中展现出较强的天赋并获得成功，导致"读书无用论"的社会舆论愈演愈烈，传统的尊师风气受到一定程度的影响。与时代进步相伴随的信息化，一方面为大众生活提供巨大便利，另一方面，网络、手机等新媒介下的虚拟环境错综复杂，参差不齐的信息也在考验群众的判断能力，能否在复杂环境下应对思想领域的冲击、坚守初心，都会对高校思政课教师职业的社会地位产生影响。思政课由于其政治性较强，总是被认为是"洗脑课"，什么人都能教，但殊不知思政课的重要意义和极其重要的功能地位随着时代发展已经悄然发生变化。从这点上看，思政课改革不能埋头沉浸于学科建设，也亟须营造有利于学科发展和教师素养提升的"软环境"，赢得社会的广泛共识，改变传统的"刻板印象"，转变社会大众对高校思政课课程、高校思政课教师的看法，营造尊师的社会风尚。

（二）营造和谐校园文化氛围

学校要为教师打造和谐友爱的校园文化、创造优美的校园环境，实行人性化管理、给予人文关怀。学校作为育人的地方，虽然有自己的一套规章制度来对教师和学生进行管理，但也需要实行人性化的管理，否则就是冷冰冰的、没有爱的教育。学生作为受教育者，在教学过程中处于主体地位，学校不仅要为其创造安静整洁的学习环境，也要要求教师给予学生人文关怀，促进学生全面发展。而作为教育者的教师，在给予学生关爱的同时，其自身同样也是需要人文关怀的，也是需要不断学习、不断成长的，这样才能跟上时代潮流，适应当前的教育形势。因此学校应打造属于自己的文化特色，为教师创造和谐、人性化的环境，将教师的专业化发展及打造高素质、高质量的教师团队作为学校的要务。具体可以从以下几方面着手。①增强教师团队凝聚力。学校应成立思想政治学科教研团队，提供和谐、温馨、舒适的办公场所，安排有扎实专业知识背景，理论功底强，乐于奉献、教研的教师担任学科教研组长，制定一个学年的详细计划及要达到的目标。教研团队拧成一股绳，为了目标集体备课、互相交流切磋，形成校本教研，提高教研能力，从而形成该学科教研组的一种文化。同时在思想政治教学内容中，一部分模块的知识是比较抽象的，青年教师在具体的教学过程中可能会遇到一些难题，这时应该给予他们相应的帮助、解决他们的疑惑，促进教师的共同成长，有利于教师保持较高的工作热情、增强教师的职业归属感。②提供物质、精神财富方面的支持鼓励。在物质财富方面：第一，学校应为教师提供相应的科研基金及购买一些有关教学的网络资源及资料库，供教师自行学习，提高教师的专业素养和教育教学水平；第二，社会实践活动可以在校园及课堂上展开，但有些学科内容较为抽象，与社会实践联系较为紧密，为了让学生有直观的体验和感受，有必要组织学生外出，这时就需要学校提供一定的物质支持，通过社会实践活动，也有利于增进学生与学生、学生与教师之间的感情，营造轻松友爱的环境。在精神财富方面：第一，学校领导应给予教师人文关怀，积极主动地关心、慰问教师工作和生活中的情况，及时解决教师遇到的困难和挫折，帮助教师渡过难关，让教师感受到来自学校的关怀；第二，学校可以定期举行活动，比如趣味运动会、教职工歌唱比赛等，丰富教师的精神文化生活，使其在忙碌的工作之余享受愉悦，时刻感受到自己是在轻松、愉快的环境中工作。③实行民主化制度制定。在制定每一项制度规划，或在举办一些教学培训活动前，应认真听取一线教师的心声和意见，这样才能更好地满足教师的需求，教师才乐于接受并且遵守、执行。

八、提升教师综合素养

步入信息全球化时代后，互联网的出现和发展，改变了我们的学习方式、生活方式和工作方式等，逐渐成为学生喜爱的交流途径。马克思主义作为一个包容开放的科学体系，随着时代的发展不断地与时俱进。以马克思主义为指导的中国共产党，持续推进马克思主义中国化进程，促进党的理论创新，形成了中国特色社会主义理论体系。这就需要思政课教师要以党的理论创新成果为中心内容，不断地加强学习以适应教学和培养人才的需要。

（一）坚定思政课教师理想信念

由于经济全球化的快速发展、多元文化价值的不断冲击，高校思政课教师必须保持清醒的头脑，坚定政治立场、坚定理想信念，只有这样，才能在复杂的思想文化背景下展示马克思主义理论的巨大魅力，让中国特色社会主义理论深入人心，将社会主义核心价值观贯彻至实际生活中，从而激发学生的学习兴趣。

（二）提升思政课教师专业能力

1. 更新教学理念

教学理念决定着教师如何进行教学活动，而这关乎课堂教学的实效性。当前，部分高校思政课教师的教学理念仍然没有很大转变，导致思政课的教学质量并不高。更新高校思政课教师的教学理念，高校思政课教师就要建立起"以学生为本"的理念。

首先，思政课的教学过程是一种师生相互交流、积极互动、共同发展的双边活动过程，在这个过程中，教师要发挥其主导作用，引导、帮助学生进行学习探究，学生要充分发挥主观能动性，主动地发现问题、解决问题。其次，在教学过程中，教师要结合知识的特点使用不同的教学方法。例如对于难度较大、逻辑性不强的知识可以采用讲授法，使学生可以更加系统地掌握知识的同时，理解也比较透彻；而对于难度较小、逻辑性较强的知识可以采用自主探究法，引导学生积极主动地思考和解决问题。在课下，教师对不同的学生要找到最近发展区，根据其需求与个性特点进行教学辅导。最后，传统的教学组织形式是班级授课制，它有着极大的优越性，但同时也存在一定的弊端，如不利于因材施教、不利于发挥学生的个体差异性等。作为"互联网+"时代的高校思政课教师，可以充分利用互联网来进行教学，如可以在课前把导学案发布在云课堂，引导学生自学知识点，设置讨论、提问的环节来帮助学生解答疑难，并对学生进行学习检测。高校思政课教师只有更新教学观念，才能在课堂教学中采用不同的教学组织形式、多样化的教学方法，因材施教、因地制宜，思政课的教学实效性才会切切实实地提高。

2. 优化知识结构

高校思政课是一门具有学科内容的综合性、学校德育工作的引领性和课程实施的实践性的课程。由此可以看出，思政课教师若想讲好这门课，就必须拥有广博的知识，优化自身的知识结构。首先，思政课教师要不断学习学科专业知识。学科专业知识体系是在不断发展完善的，只凭原有的知识是远远不够的，因此，高校思政课教师既需要加强对马克思主义专著的阅读，同时也要不断地利用信息技术学习了解思想政治学科发展的前沿问题。其次，高校思政课教师要不断完善教育学理论知识。这是教师的教学能否成功的保障。思政课相较于其他课程而言，理论性比较强，同时具有浓厚的思想性与政治性，这很容易使学生感到枯燥乏味。但思政课教师如果能运用深厚的教育学理论知识让思政课真正地贴近学生、贴近生活，激发学生的兴趣与求知欲，思政课的教学实效性也就大大提高了。最后，高校思政课教师还要不断学习相关学科综合知识。高校思政课具有学科内容的综合性的特点，如果高校思政课教师的相关学科综合知识掌握不全面，对于思政课的教学就会有很大困难。因此，高校思政课教师在闲暇时间应多学习各类知识，特别是同属于文科类的地理与历史知识，在课下要经常与其他学科教师交流教学经验、掌握知识的共通性，这会对其思政课的教学大有帮助。

3. 加强对党的最新理论成果的学习

高校要及时加强思政课教师对党的最新理论成果的学习。教师作为知识的传播者及学生学习的引导者，必须掌握最新的理论成果，并且要学透、学好，这样才能够用党的最新理论成果来武装大学生的头脑，进而指导大学生的实践，让他们做到真学、真懂、真信和真用。

4. 在教学实践中加强专业能力训练

（1）提升自身教学实践能力

教学实践能力决定了教师的知识传授效果，决定了能否激发学生的学习热情，能否将课堂教学内容真正落实到学生身上，对于实现教学目标起着重要作用。思政课教师的教学实践能力包括教师教学设计、课堂教学、管理课堂的能力，教师要通过积极参与各级各类教学技能大赛来提升自己的各种教学技能，通过参加比赛也可以接触多种风格的教师，以更好地取长补短。思政课教师还要提升网络媒介使用能力，这样不仅能充分利用媒介获取教学资源，使教学内容更具有时代性，使教学形式更加多样化，还可以通过网络与学生寻找共同话题，拉近师生距离，了解学生的真实想法。

（2）提升自身教学反思能力

思政课教师在教学过程中会因为学生表现、备课情况、自身教学能力等多种因素不可避免地出现各种问题，教师要及时进行反思，辩证地看待出现的问题，对这些问题进行归纳和总结、对自己的教学过程进行评价来获得教学经验。教师要具备问题意识，在课前做好教学设计，在课堂教学过程中注意观察学生的反映，做好课堂的预设与生成，课后反思哪里出现了问题及下一步应该怎样改进，还要注重积累，逐步形成自己的教学模式。教师不仅要进行自我反思，还要通过与学生的沟通交流，听取学生的意见进行适当的调整，使课堂教学更加有活力。教师还要加强同事间的沟通交流，在课后可以和同事积极沟通，获得更多的专业指导。

（3）提升自身教学研究能力

思政课教师要根据时代要求，结合学科发展最新成果理论，以自身教学经验为基础，不断探究，总结研究出具有个人风格的发展道路，实现自己的专业成长。教师的研究方向要以教学中存在的问题为出发点，以教学具体案例作为依据，让科研为实际教学服务。在研究过程中，教师要努力把握科研机会，重视校本课题研究，使教学研究达到最佳效果。最终要将研究成果落实到实际教学过程，在实践中检验研究价值，对于实践情况进行积累总结，进一步完善教育研究过程。

（三）提升思政课教师课程执行力

1. 主动参与教研活动，提升课程的实施共享力

（1）学习"议题式"教学设计，提高课程执行的谋略能力

"议题式"教学设计是落实活动型学科课程的关键，思政课教师通过学习"议题式"教学设计，能够提高课程执行的总体谋略能力。

首先，对于"议题式"教学设计而言，议题的选择在教学设计中显得非常重要。思政课教师可以围绕学生实际和社会中的热点现象来创设议题，这样才能达到生活化，激发学生的参与热情；也可以根据思政课教师自身的经验选择议题，教学经验丰富的教师往往能准确捕捉问题的探究意义、学生的情况等。其次，整个教学设计中议题的展开是一个序列化的活动展开过程，为了使整个教学设计完整，一个议题是不够的，往往是在一个中心议题下展开诸多议题的追问与思考。

最后，议题的展开应围绕活动、任务、情境和评价，是各个环节统筹兼顾的过程，在整个活动过程中应涉及教师与学生两个主体，任何一方的作用没有得到有效发挥，最终议题的"议"都得不到良好的效果，因此就需要教师与学生在议题进行前、议题进行中及议题结束后都能较好地参与其中。第一，在议题前，教师需要根据学科内容和学情设置议题，根据议题设计相对应的情境，预设学生在情境中需要完成的任务；与此相对应的，学生需要明确议题是什么，明确要求和要达到的目标。第二，在议题进行时，思政课教师要随时关注议题的讨论情况，同时教师还需要针对学生的议题讨论情况进行点拨，在议题进行中还不能忽略教师参与讨论的过程，即师生共议；学生在议题进行中要表达和倾听，然后进行比较分析，并在此过程中体验与感悟。第三，在议题结束后，思政课教师要针对两个方面进行总结评价，一方面是整个议题设计实施环节的执行情况，另一面是学生在"议"中的表现，以促其发展；学生也需要自我反思内化，以促进学科核心素养的落实。

（2）有针对性地创设生活化学习情境，提高学生参与生活的能力

首先，就课上而言，在导入环节，思政课教师可以通过创设生活化情境引出新知，通过挖掘生活中的政治知识，探究生活中与政治有关的问题，具体可以涉及政治、经济、文化、社会建设等方面的生活情境，吸引学生的学习兴趣，学生通过生活化情境的学习，也能感受到政治与生活的联系，真正学有所用。其次，就课下而言，思政课教师可以指导学生撰写生活日记，可以是记录新闻事件或者生活琐事与学科知识的联系，也可以是学生参与社会实践活动的记录，然后教师可以利用课前五分钟的时间组织学生进行汇报交流，逐渐落实公共参与的学科核心素养。

2. 总结课程执行经验，提升课程的创新执行力

（1）内容组织：基于教材"二次开发"，从书本走向生活

思政课是一门综合性、活动型学科课程，其综合性主要体现在内容上，其活动型学科课程则力求通过理论知识与生活相结合来实现。当前，许多学生认为思政课枯燥，没有实用性，因此对思政课不感兴趣，这就对思政课教师的课程内容组织提出了更高的要求。课程内容不是教材内容的复刻，每一位思政课教师都需要对教材进行"二次开发"，做到既基于教材又高于教材，积极探讨学科逻辑与实践逻辑、理论与生活之间的关切。

思政课教师如何做到从书本走向生活呢？一方面，思政课教师要将教材的具体学科内容与学生生活、社会生活有机联系起来，创设真实的学习情境；另一方

面，在现有条件能够达成的情况下，思政课教师可以围绕教材内容，带领学生"走出去"，或者将生活中的真实人物、真实物品"引进来"。思政课教师还要注意挖掘当地的文化资源，通过引导学生参观历史文化古迹，领略文化的力量，探讨文化的创新与传承，通过"走出去"，也落实了学生的公共参与素养。至于"引进来"，思政课教师可以利用身边资源。例如邀请优秀的中国共产党员走进课堂，与学生分享相关经历，也给学生创造机会与优秀党员对话、学习，真正增强学生的政治认同，提高其法治意识。

（2）活动设计：尊重学生认知经验，实现知识学习的建构意义

思政课教师在进行活动设计时需要尊重学生的认知经验，即教师要考虑学生的已有经验和学生的现实状况。这就要求思政课教师在设计活动时做到以下几点：首先，思政课教师要分析活动对学生的意义，分析活动内容与学生落实学科核心素养之间的关系，设计有意义的活动，避免形式化；其次，教师要考虑活动的情境是否与学生息息相关，能否增强学生的学习参与感；最后，思政课教师还需要分析活动的难易程度、分析学生的认知经验、分析学生开展起来是否顺利。只有充分发挥学生的主体性，立足于学生，才能真正实现知识学习的建构意义。

（3）学习结果：促进深度学习发生

思政课教师要促进深度学习的发生。当前，自主合作探究的学习方式越来越得到教师的认可，但是教师在引导学生选择学习方式时往往形式化，不够深入，例如合作探究只有形式上的，没有实际意义，出现"为了合作而合作"的现象，这就要求教师要促进学生进行深度学习。深度学习既强调学生要积极主动地参与，同时还需要思政课教师明确发展学生学科素养的教学目标、整合学习内容、创设促进深度学习的真实情景，最后还需要教师选择持续关注的评价方式进行评价引导。

（四）增强思政课教师运用大数据的能力

1.培养思政课教师大数据思维

目前我国部分思政课教师对大数据技术并不了解。而来自大数据技术专业教师的占比更是少之又少。显然，当前大学生思想政治教育教学中缺乏大数据应用意识，教师对于大数据技术也不重视。时代在进步，教育工作者的大数据思维也需要改进。相对于较高覆盖率的大学生互联网使用频率看来，教师对于大数据教学方面的重视程度存在严重不足。

教育工作者应该使用大数据技术更好、更快地解决学生的学习和生活问题。

合格的思想政治教育工作者在具备自身专业教学能力的基础上，还要具备大数据思维。此外，有关大数据的信息知识需要根据时代的进步不断改进。提高思政课教师的信息知识主要体现在以下两个方面：一方面，思政课教师应充分了解大数据时代的信息技术知识和具体应用形式，充分考虑可能影响的方面；另一方面，高校思政课教师应该积极利用信息平台，收集学生数据，辅助思想政治教育工作决策。高校应为思想政治教育工作者组织专门的讲座和培训，提高思政课教师筛选、组织和分析信息的能力，提高思政课教师的信息处理能力，提高其信息素养。如果思政课教师具备大数据思维，他们就可以提高思想政治教育工作的效率，以及更好地引导大学生的思维。

2. 培养思政课教师应用大数据的能力

培养高校思想政治教育教师应用大数据的能力是高校思想政治教育创新研究的关键，也是大数据充分发挥作用的证明。当今，在信息高速发展的时代，科技正在慢慢改变我们生活的各个方面，特别是对高校思想政治教育有着深远的影响。现在，高校师生普遍利用互联网学习、生活及沟通。在日常生活中学生通过互联网产生了大量数据，而也是通过互联网，师生的沟通才更加方便，老师更加融入学生的生活中，更了解学生、更贴近学生，而如何利用大数据对高校学生进行教育管理就是当今高校应该重视的问题。在以前，学生会通过学校贴吧发布一些信息，如失物招领、学校设备需要修理、各种求助、组织老乡会、食堂饭菜不可口等信息，这在当时是最快速并且是最广泛的传播方式，而学校老师很少会关注贴吧信息，这样就会导致师生沟通不顺畅，影响问题的解决。其实，"老师关注贴吧信息"其实就是信息收集的过程，而解决问题的过程也是思想政治教育工作发挥作用的过程，并且也是互联网平台发挥作用的过程。在大数据时代，学生通过使用互联网而产生的日常行为信息会被实时监控和收集，老师可以实时掌握学生的动态，这就需要思政课教师结合大数据技术对高校思想政治教育工作进行融合应用。老师应利用大数据平台实时掌握学生对社会热点问题和突发事件的认知和言论，并对一些发表不当言论的同学进行教育引导，及时化解矛盾冲突，保证校园正确舆论导向，正确引导学生思想和校园正常秩序。通过高校对大数据平台的建设，帮助学生树立正确的人生观和价值观，培养一批高素质人才。大数据技术的整合必将为高校的思想政治教育增添新的活力和生命力。

3. 培养思政课教师制定大数据标准的能力

在大数据视野中，管理必须越来越科学。在任何组织中，都可以通过科学的管理系统实现有效运作。在高校管理体制中，要提高思想政治教育工作的有效性，必须有科学的管理机制。因为大学生的思想政治教育工作非常复杂，对每个同学存在问题的解决方案都不一样，想要更有效地帮助其解决现实生活中遇到的问题，不能依赖顾问，需要大学的管理层和教师投入大量精力。此外，高校应加强问责机制建设，例如数据共享中心的职责是保护其他部门传输的数据。高校主管部门要充分利用大数据，就要强化各部门职责，对其进行管理问责，实施个人问责制，以确保工作有序进行。从大数据的角度来看，思想政治教育工作每天都面临着大量的学生数据，这些庞大的数据格式是多种多样的，使教师难以存储。同时，教师存储数据的方式也存在差异，比如有些喜欢上传到云端，有些喜欢存储在他们的计算机上等。由于不同的教师需要分析和处理不同的数据，因此，他们预测的学生的结果可能会有所不同。因此，这就需要统一数据标准。在收集大学生思想数据时，思政课教师应该提高基于标准思维的有效性。教育工作者的最终目标是收集学生的数据，以预测学生将来可能采取的行为，并采取预防措施，例如大学生奖学金选择规则有很多标准。每所学校都有不同的情况。一般来说，高校都希望选择那些有着客观良好的学业成绩、善良，以及在校学习踏实认真的学生。班主任可以分析大学生每月的消费数据、在线学习过程的数据和学生的媒体数据，分析不同数据之间的相关性，并进行排序，最后绘制一个选择列表，这样得出的结果会相对客观公平。在预测每个大学生的数据后，教师应指导大学生的思想政治教育，提高他们的学习效率。

（五）提升思政课教师互联网素养

高校要促进教师对教学新技能的学习和应用。一方面，互联网时代，要求教师及时提高自身信息素养，能够及时捕捉网络上学生关注的热点问题和社会现象，通过专业知识为学生答疑解惑；另一方面，教师要善于应用互联网新技术提升教学效果，采用网络平台（如微电影、翻转课堂、微视频、慕课等），提升教师教学质量，让课堂教学变得生动形象、通俗易懂、喜闻乐见，进而增强思政课的吸引力和感召力。

（六）提升思政课教师传统文化素养

1. 加强思政课教师的传统文化专题培训

中华优秀传统文化融入高校思想政治理论课，必然离不开教师这一重要载体，但这也对教师的专业学术能力提出了更高的要求。然而，现阶段传统文化融入思想政治理论课的过程中，鲜有教育者能同时达到这两方面要求。因此，必须加强高校思想政治理论课教师的传统文化专题培训。

从高校层面来看,需要为此培养一批优秀教师,定期开展传统文化方面的培训,借助于这种方式来拓宽教师的文化视野,提升其传统文化素养,使其能够更好地实现对传统文化的了解,在教学过程中能够无意识地对其进行使用,更好地发挥传统文化价值。有些地方性的教师培训也很有特色,如曲阜师范大学优秀传统文化教育中心,它是山东省教育厅的"优秀传统文化教育基地",其成立的目的便是为了强化教师传统文化素养,主要有形势政策课、基础理论课和专题扩展课等专题课程,还有利用曲阜周边的历史文化遗产资源进行的现场教学课,以及包括诗词吟诵、书法课程和太极拳在内的文化体验课程。地方性的师资培训在培训内容、培训方式等方面做了探索尝试,具有一定的参考价值。高校要把中华优秀传统文化教育切实融入思想政治理论课中,为学校发展培养出在马克思主义理论方面具有较高造诣,同时又具有较高传统文化素养的教师团队。

2. 提升思政课教师自身的思想道德素养

为了能够更好地实现对传统文化与高校思政课的结合,发挥传统文化价值,除了要增加师资力量,对教师自身的思想道德素质的提升也不容忽视,这样才能在新的时代条件下迎接新挑战、开辟新道路、创造新辉煌。

教师作为一份神圣的职业,担负着学生学业和品质的培养。高校思想政治理论课教师首先需要具备较为完善的人格与素养,同时拥有高尚的道德品质,与人相处过程中能够给人留下亲切印象。

教师自身人格与道德素养情况,与学生品质提升之间具有较大关联。为更好地实现对学生素养的强化,首先就需提升教师的思想道德素养。

一方面,对于思政课教师而言,必须拥有良好的传统文化素养,对传统文化具有较高认识。教师可以通过读古书典籍、参加与传统文化相关联的讲座、欣赏文物古迹等方法来提升自己的传统文化素养。与此同时,教师在教学过程中需要注重传统文化与思想政治教育间的充分融合,借助中华优秀传统文化来更好地实现对学生的积极影响,给学生思想行为等方面树立榜样。在教学工作中,教师行为语言均能够在一定程度上展示出其所对应的传统文化底蕴,学生在学习过程中也会对其进行相应的学习与模仿,最终实现对学生行为方面的潜移默化的影响。

另一方面,教师还需做到严于律己、以身作则。思想政治教育工作者自身在生活方面的态度、思想行为意识和道德品质等均能够给学生造成相应影响。基于此,在教学过程中,针对中华优秀传统文化方面所进行的教学,教师需要对自身行为举止等方面多加注意，使自身与传统文化所对应的精神内涵之间具有较高的匹配性，同时以道德准则来对自身行为进行约束。与此同时，教师还需充分完善自身人格，强化自身道德素养，在高校学生中树立一个积极学习中华优秀传统文化的榜样。

（七）优化思政课教师仪容仪表

人的仪容仪表在很大程度上能展示出人的性格、素养、身份和地位，因此良好的个人形象十分重要，对于高校思政课教师队伍来说也是如此。

为了帮助思政课教师队伍树立良好的个人形象，高校应该制定相应的规章和制度，对教育者的仪容仪表和穿着打扮进行规定。具体来说，高校应要求教育从业者打扮的整洁、得体，既不能为了追求时髦而穿着"奇装异服"，也不能太过古板，穿着过于保守、沉闷。因为一方面"奇装异服"不符合思政课教师的气质，容易让大学生产生不信任感，同时也会让部分大学生过多地关注教师的着装，而忽视对知识的学习；另一方面，当代大学生个性鲜明，对穿着打扮有自己独特的见解，如果思政课教师穿着太过于刻板，很容易让他们误认为思想政治教育工作的从业者较为保守和守旧，跟不上时代发展，这在一定程度上会降低他们的学习兴趣。同时，在有条件的情况下，高校还可以开展相关的礼仪讲座和培训活动，规范思政课教师的言行，提升他们的气质，从而取得大学生正面的、积极的评价，加强大学生对思政课教师的亲近感和喜爱。

九、持续推进师德师风建设

思政课是高校落实立德树人的关键课程，思政课教师是上好课程的关键所在。因此，思政课教师更应该牢记立德树人的崇高使命，着力提高自身修养，争先做到以德施教、以德立身和以德立学，引导学生"系好人生第一颗扣子"。

在今后的思政课建设中，高校必须要加强师德师风建设。首先，教师需要提高思想认识，始终把思想政治素质和职业道德水平放到教书育人的首要位置；其次，高校需要加强顶层设计，将制度建设贯穿教育始终；再次，教师需要深化价值引领，思政课教师是高校学生价值观的直接塑造者、思想的引导者，对学生理想信念和价值取向的形成有直接的影响，思政课教师必须要用党的最新理论成果武装头脑，努力钻研、坚守岗位，把党的要求和期望贯穿教书育人的全过程；最后，高校还需要完善评价考核，一方面，致力于提高教师的科研与教学工作，提升思政课教学的质量和水平，另一方面，致力于严把政治关和师德关，实施师德"一票否决"，坚决淘汰无责任心、无道德感的"水课教师"。

十、改革思政课教师评价体系

高校思政课教师队伍建设与建立科学的教师评价体系关系密切。高校思政课教师素质评价，是对高校思政课教师的基本素质进行综合性的测评，是对高校思政课教师工作所作出的价值判断。科学合理的评价对教师的职业素养的提升具有明显的导向功能和重要的激励作用，能够促进高校思政课教师队伍的发展。

建立科学的教师评价体系，首先，需要制定完善的教师评价标准。将高校思政课教师的职业道德、学科知识、文化素养、教学效果、学术科研能力等作为教学综合考评的重要指标，采取质性评价和量化评价相结合、形成性评价与终结性评价相结合的方式，对高校思政课教师进行综合评价。

其次，需要改革教师评价的现状。对于高校思政课教师的评价主体应多元化，但首要主体应该是学生，要充分尊重学生提出的建议和意见，在综合了专家学者、教师同行的评价后，要对学生的打分与评价予以重视，而后进行教师自评、自我反思。建立这样一种科学合理的高校思政课教师评价机制，对于推进高校思政课教师队伍建设是大有裨益的。

第四章 高校思想政治理论课实践教学的建设路径

本章主要内容为高校思想政治理论课实践教学的建设路径，分为三个小节。第一节为高校思想政治理论课实践教学概述，第二节为高校思想政治理论课实践教学的现状，第三节为高校思想政治理论课实践教学的策略。

第一节 高校思想政治理论课实践教学概述

一、高校思政课实践教学的基本概念

（一）实践教学

传统的实践教学或者说社会实践活动，是教师依据一定的教学任务组织大学生参加具体的生产劳动和社会生活等，是将理论教学与社会实践结合起来的一种教学手段。广义的实践教学存在于整个教学活动中，指在教师的引导下，通过实践活动，激发大学生的主动性，促使大学生全面发展，达到育人目的。

（二）思政课实践教学

思政课实践教学，顾名思义就是在思政课理论教学全部完成的前提下，通过各种形式的具体实践途径，让学生进行体验和反思，进而达到对思政课课堂所学理论知识的消化、吸收，进而内化为学生自己的理念和价值观，外化为学生的具体行为，真正实现学以致用，同时帮助学生培养和树立马克思主义的世界观和方法论，成为优秀的新时代建设者和接班人。

二、高校思政课实践教学的理论基础

（一）马克思主义关于人的全面发展

马克思、恩格斯强调，个人的全面性是他现实关系和观念关系的全面性，并不是想象的或设想的全面性。[①]

马克思主义理论体系中，关于人的全面发展理论是最重要的一部分，马克思主义一直密切关注人的全面发展这一问题。关于人的全面发展，可以从以下两点进行阐释。

第一，人的全面发展是辩证统一的。通过对马克思主义的唯物史观分析可知，人的全面发展是在历史与现实相统一的过程中不断实现全面发展的。高校开展的实践教学是在理论教学的基础上进行拓展与补充的，同时开展实践教学活动需要符合时代发展的需要。

第二，人的全面发展是当代教育的共同期望。马克思主义指出人的全面发展条件，需要从人和生产的关系中分析。其实人的全面发展，就是指人的各方面机能包括体力和智力都能够得到自由的发展。思想政治教育将实践与理论紧密地结合起来，可以多方面地提高高校学生对理论知识的认识，以及自身的政治觉悟，使学生成为德智体美劳全面发展的人

（二）马克思主义认识论

在哲学的发展历史中，只有马克思主义对实践的内涵作出了明确的阐释。

认识是主体在实践的基础上对客体的有效反应，主体与客体的产生离不开实践[②]。实践对认识起决定性作用，认识对实践起能动的反作用。

对于认识世界和改造世界来说，坚持实践的观念是马克思主义的基本观念。根据现实情况来看，高校学生掌握思政课的理论认识有两种方式，一是通过实践教学的开展，二是通过学习理论知识。思政课的实践教学主要是使学生通过亲身的实践体验从而获得丰富的理论认识，若思政课只是单方面地传授给学生理论知识，而没有及时开展实践教学这一教学活动，会对其教学效果产生不好的作用：一是学生对于理论知识的认识不到位；二是无法让学生将所学的理论知识实际应用到实践当中去。因此，我们要加强实践教学的实效性，充分发挥实践教学的功效和重要性。

---

① 马克思，恩格斯. 马克思恩格斯全集：第四卷[M]. 北京：人民出版社，2016.
② 高泽涵，许火盈，方雪利. 马克思主义哲学原理[M]. 北京：中国经济出版社，2004.

(三)思想政治教育的主体性教育理论

主体性教育理论认为学生是知识接收的主体,教师是灌输知识的主体,二者是教学活动的两个重要的组成部分。教育者和受教育者是平等的主体,并相互影响。

开展实践教学活动能够让学生高效地发挥主体性的作用。实践教学活动无论是在课堂内的讨论还是课堂外的调查,都要求学生提前做好准备工作,以增加学生的自主学习能力,使学生能够养成独立思考问题、解决问题的能力。由此可见,实践教学的有效开展,为学生主体性的发展奠定了基础,同时也推动了学生的全面发展。实践教学活动打破了传统的教学方式,让学生从被动学习转为主动接受新知,教学效果必然会得到提高。因此,高校思政课对实践教学的重视,符合主体性教育理论的发展理念。

(四)思想政治教育的内化与外化规律

内化与外化规律是思想政治教育教学过程中的基本规律,思政课在教育教学的过程中同样也遵循内化和外化的辩证统一规律。

内化强调的是教育主体的主导作用,它通过开展教育课程将大的政治道德转化为个人小的政治道德,并形成一种稳定的局面。外化强调的是教育客体的主体作用,它通过开展实践教育课程,将已成型的个人政治道德转化为具体行为。内化与外化是思想政治教育教学的两个重要阶段,内化是外化的思想基础,外化是内化的现实过程,同时,外化还能对内化的内容进一步强化。内化与外化的辩证统一规律能有效地解决教师与学生之间政治思想的矛盾。片面地强调内化会使理论教学成为刻板的说教,片面地强调外化就会使实践教学的行为变得随意,唯有二者相统一才会促进理论和实践的有机结合。思想政治理论课的课堂教学对于理论知识的传输有重要作用,实践教学则是对理论知识引导实践方式的外化,理论教学和实践教学的结合是内化和外化规律的统一。由此可知,遵循内化与外化的规律在开展思想政治理论课教学过程中,能有效地提升思政课实践教学的实效性。

三、高校思政课实践教学的特点

(一)综合性

高校思政课实践教学的综合性特征主要在以下两个层面中有所体现:首先是内容具有综合性,虽然从教学客体角度而言,它面向的客体较为单一,大多仅针对某一特定的领域,但是,如若从内容为出发点进行分析,则可发现它将政治、经济及思维等多项内容涵盖在内，综合性较强；其次是以实现全方位的综合发展为目标，与传统教学中侧重于提升某一能力不同，在思政课实践教学中，追求的是学生品性、能力及思维模式等多方面的提升。

（二）现实针对性

进行该实践活动的最终目的就是以理论与实践相结合的教学方式，将学生与当前社会相连接，并经由包括考察在内的多种途径加深其对社会、国家及民众的认识程度，以自身所学为基础，并将之应用于实践，进而妥善处理面临的问题。并且，通过此种模式，还能够对学生理论知识的掌握情况加以反馈，并将其与当前实际相结合，探究两者存在的共通点及差异之处，增强自身分析及处理问题的能力。综上可知，与传统教学模式相比，思政课实践教学具有诸多优点。

（三）双向性

通常情况下，也可将双向性看作学校与社会之间的双向沟通。在此过程中，我们既要考虑到学生主体的接受程度，还应该充分意识到教学活动中外界事物及社会环境的重要性。在教学过程中，实践教学基地不仅提供实践教学所需的场所，还派出有经验的人员同指导教师一起参与实践教学的教学计划制订，在教学任务结束后教学基地还负责信息反馈等。此种在教学基地进行实践教学的模式，不但确保了场所的安全可靠、提高了教师的职业能力，还大大提高了教学的针对性和实效性。

（四）开放性

以核心目标及最终任务为出发点对实践教学活动进行分析，可以发现，其并非一个闭门造车的过程，它在各方面都是开放的。其一，活动环境没有固定不变的边界。其二，在实践教学过程中并未被施加限制，因此对于学生而言，并不需要按照要求进行实践活动，在最大限度地确保了学生的积极性及主观能动性。在面临实际问题时学生群体能够以自身意识为出发点，采用不同形式、不同方法来解决所接触的问题。综上，高校思政课实践教学无论是在教学形式、内容还是过程及结果等方面均具有一定的开放性特点。

四、高校思政课实践教学的优势

（一）教学理念：个体性与社会性相统一

思政课实践教学作为高校育人的重要环节，在教学理念上具有个体性与社会性相统一的优势。个体性与社会性的对立统一内含于个人主义与集体主义的对立统一，思政课实践教学是诠释个人主义与集体主义对立关系的重要场域。实践教学尤其是校外实践教学的开展往往要经历教学地点投票的过程，教师提供几个可供选择的场地，学生根据自身愿望自行选择，最终根据票数高低来确定前往地点。这样一个民主的选择过程，体现了少数服从多数、个人利益服从集体利益的教育理念，是社会民选的一种提前演练，教会学生在个人利益与集体利益冲突时应该采取何种价值判断与价值选择。此外，在实践教学开展的过程中，依然是少数服从多数的原则，随行学生不可私自离开，不能因个人行动影响集体的出行时间，要严格遵守时间纪律。

（二）教学方式：灌输式与启发式相统一

传统的思政课主要以灌输方式为主，教师占有课堂主导权，实践教学环节的设立，使得启发式教学拥有了平台。启发式教学指教师在教学过程中，积极调动学生的主动性与参与性，引导学生独立思考、积极探索，自觉掌握知识，提升学生分析问题和解决问题的能力。在当今世界多极化、经济全球化、文化多样化、社会信息化的背景下，社会热点层出不穷，在高校思政课设置热点讨论环节，引导学生参与讨论，回应受教育者对客观世界的能动性探索、对思政课重难点与社会热点的积极思考，有利于增添学生的辨别能力，引导学生透过现象看本质，整合价值观念，切实帮助大学生树立"四个自信"。

思政课实践教学能承载思政育人过程中灌输式和启发式的教学方式，以灵活多样的形式将两者融会贯通，提升教学实效性。区别于传统教师威严的形象，实践教学为师生创造了更多交流的空间与时间，路上、散步途中、海边、山上，都可以成为师生交流的场所，轻松愉快的环境可以使学生与教师更加平等，利于学生提问，也方便教师根据自身丰富的阅历，将知识以更加立体亲切的方式传递给学生。同时实践教学的开展，使学生能够更加清楚地感受社会的发展与变化。当然，实践教学的开展也依然离不开灌输式教育方式，课堂灌输教学是学生把握重难点、掌握知识点的重要方式，思政课教师在开展实践教学之前，应当在教学大纲的指引下将教学内容教授给学生，让学生在了解课程内容的前提下发现问题、形成问题导向、确立实践调研的重点。实践教学这一第二课堂不是脱离第一课堂而展开的，一定的灌输教育依然有存在的现实性与必要性，实践教学的顺利开展是第一课堂与第二课堂的协同配合，是灌输式与启发式教育的融会贯通。

（三）教学载体：课堂资源与社会资源相统一

思政课实践教学致力于将课堂资源与社会资源相结合，借助思政课程和"课程思政"发挥教学载体优势。把思政小课堂与社会大课堂结合起来，有利于解决学生的成长困惑。这一课堂资源包括两层含义，一是思政课第一课堂，二是挖掘其他课程和教学资源中蕴含的思想政治教育资源，也称"课程思政"。思政课实践教学能够对课堂资源与社会资源进行有效融合，能够利用第一课堂和第二课堂共同发挥教学载体优势。近年来，越来越多的高校携手社会力量服务地方经济发展，与企业、地方政府、社会团体等开展课题合作、成果转化等项目，既为大学生提供了广阔的实践平台，又为社会发展提供了智力支持，使学生学有所用。实践教学的开展为带领大学生走出教室、走出学校、踏进社会大课堂、接受一线教育、感受鲜活案例提供了可能，使其在掌握理论知识的基础上，深化对时代和社会的了解，感受社会发展与时代变迁，自觉改造世界观、人生观、价值观，确立人生目标与前进方向，不断提升高校思想政治教育工作的成效。

（四）教学主体：教师主导与学生主体相统一

思想政治教育实践教学是开放式参与，而不是自由式放纵，在强调学生主体地位的同时也尊重教师主导作用。思政课实践教学能实现教师主导与学生主体的双向互动。思想政治教育本身不是简单的给予，而是一个思想双向流动的过程，要培养社会主义建设者与接班人、落实立德树人的根本任务，教师必须将学生培养为积极的实践者，将课堂作为演练的舞台，倡导学生广泛参与，充分发挥学生的主体性作用，激发学生的积极性、创造性，树立其主人翁意识。实践教学多倡导教师亲自带队，与学生同行，使实践教学课堂的质量更得以保证，同时也为师生之间的零距离交流提供了平台，使教师更能发挥自身的人格魅力、言行导向作用。对于实践教学的环节设计、场地选择、流程安排，可以广泛征集民意。教师在确保安全并符合课程要求的基础上给出可供选择的地点与方案，供学生投票选择。在课堂实践教学中，教师可以以命题的形式翻转课堂，在审核了学生的PPT、把握政治导向性的基础上，让学生上台讲课、辩论、比赛，发挥同伴群体相互合作的作用。思政课实践教学以更加开阔的场域、灵活的形式，将教师主导与学生主体相统一。

五、高校思政课实践教学的意义

（一）有利于大学生知情意行的全面发展

高校思政课实践教学能够将理论知识运用到学生的实际生活中，贴近学生的生活，有效地解决学生在实际生活中的问题。学生可以通过实践教学活动，对理论知识产生独特的见解和认识。高校思想政治理论课实践教学将学生获取真知的渠道拓宽了，使得高校学生在学习理论知识的同时，也能够通过实践教学检验理论知识是否正确，有利于学生在实践的过程中不断思考，从而树立正确的政治观，形成严谨的逻辑思维方式。高校思政课实践教学能够提高学生学习思政课的动力，培养学生理论联系实际的能力、严谨的思维方式、独立思考和团队协作的精神，从而加强学生的综合素质。高校有义务负责学生的教育，思政课实践教学对学生的发展有至关重要的作用，实践教学是严谨的、全面的、多方位的，思想政治教育的目的就是促进学生全面健康的发展，指引学生能够自主学习，提高自身素质，并树立正确的人生观和政治观。

（二）有利于大学生对思想政治理论课内容的再认识

思想政治理论课实践教学的地位是理论教学无法取代的，实践教学能够让学生在实践中获得在理论教学中无法获得的经验。思想政治教育的理论教学与实践教学二者是相互促进、相辅相成的，学习理论知识是为了实践教学能够有效的开展，也是为了学生能够将理论教学的学习内容进行强化。实践是检验真理的唯一标准，高校理论课教学使学生对思想政治教育的理论知识有了一定的认知，但对于所学的理论知识产生的疑问，很多学生并不能更好地进行判断。所以，只有通过参加具体的实践教学，才能够使学生对理论教学有更好的检验，并且能够增加学生对理论知识的认同感。然而，在理论课的课堂教学中，学生的参与性不高，很多时候都是老师一个人在讲，缺少学生的互动，这会导致学生在理论教学的课堂上注意力不集中、教学效果不佳。

实施实践教学，一方面可以使学生对理论知识的认识更进一步，从而提高学生对理论知识学习的热情；另一方面也可以提升学生课堂学习的动力，使课堂学习效果更佳。学生在思想政治教育的实践教学活动中，能够对理论知识的认知进行强化，同时也能够根据实践教学开展的实际情况，学习到很多在理论课堂中未被教授的内容或技能。高校开展实践教学活动能够帮助学生对思想政治理论课的教学内容进行再认识，从而加深理解。

(三)有利于高校思想政治理论课实践教学课程改革创新

思想政治教育工作的首要阵地是高校思政课,实践教学作为思政课的重要组成部分可以进一步强化思想政治教育工作,促进大学生在实践活动中验证与深化理论知识,使其从内心认同转化为自觉行动。随着新时代的快速发展,目前各高校对思政课的实践教学要求逐步提高,这就要求高校思政课教师在实践教学中要紧密结合新时代大学生的特点,充分利用现代教育教学优势与便利条件,不断拓展新的教学方法,增强对教学内容的进一步领会与探究,在实践活动中进一步探索,不断深化学科建设、创新课程设置,从而给予高校思政课实践教学改革无限动力。

(四)有利于提升高校思想政治理论课的实效性

高校思政课实践教学模式能够有效激发大学生对思政课理论知识的求知欲与思考的兴趣和动力,通过形式多样的实践活动,使大学生主动参与到实践教学活动之中,积极探索知识,自觉在实践活动中运用思想政治理论知识,在长期潜移默化的影响下,将思想政治理论知识内化为自身的内在修养,提升综合素质。同时,内容新颖的实践教学活动能够有效提升大学生学习的积极性,增强思政课的吸引力,有效提升高校思政课教学的实效性。

六、高校思政课实践教学的必要性

(一)实践教学是立德树人的重要途径

实现立德树人需要广泛参与社会实践。习近平总书记在全国教育大会上曾指出:"要把立德树人融入思想道德教育、文化知识教育、社会实践教育各环节,贯穿基础教育、职业教育、高等教育各领域,学科体系、教学体系、教材体系、管理体系要围绕这个目标来设计,教师要围绕这个目标来教,学生要围绕这个目标来学。"[①]无数事实证明,"德"不可自然形成而需"立","人"不可自发成才而需"树"。只有广泛地参与到社会实践中,通过道德感化与情感熏陶,深入了解、学习英雄模范的先进事迹,理解和体会党的路线方针政策,才能不断提高政治觉悟和责任感,培养道德认知与法治观念,并将思想外化为自觉行动,以先锋模范的作用回馈社会,为社会发展提供精神动力与智力支持。

思政课实践教学作为寓教于"行"、学思结合、知行合一的教学组织模式,

---

① 习近平:坚持中国特色社会主义教育发展道路 培养德智体美劳全面发展的社会主义建设者和接班人[N].人民日报,2018-09-11(01).

是高校落实立德树人的重要途径。思政课正是实现全过程育人、全方位育人、全员育人的重要途径。思政课实践教学是以课堂理论知识为依托，采用实践性与创新性的主体活动形式，激发学生主动参与与思考，引导学生有目的的、有计划的参加课内与课外、校内与校外的各种实践活动，使其主观世界得到感性的再教育和主体能力得到优化的过程和方法。

实践教学的场域既包括课内课外，也包括校内校外，这就为"三全育人"提供了可能。实践教学的课外环节是全方位、多领域的，既可以包括社团团建、运动会等活动形式，又能涵盖勤工助学、志愿服务等服务形式，让学生在运用所学理论知识的同时，能学习团队协作能力、培养友爱精神。同时，实践教学的开展还能够助力全过程育人。一方面，思政课实践教学的开展使学生的课后时间得到了保障，让学生能够在课堂学习之外检验所学，拉长了知识的理解、运用、检验时长；另一方面，思政课贯穿教育的全过程，实践教学具有目标性与规划性，应在不同的年龄段开展不同的活动，实现全过程育人。实践教学的场域宽泛性还带来人员的丰富性，思政课实践教学活动不再只有教师组织，学生会、学工处、后勤部门、社会机构，甚至家庭成员都可以成为实践教学的组织者，发挥各方力量与优势，实现一体化育人合力。

（二）实践教学是人的全面发展的重要平台

人的全面发展需要实践教学的支撑。人的全面发展包括人的知识、能力、情感、道德的发展，包括人的自然素质、社会素质和精神素质的协同提高。人的能力是人的全面发展的核心，人的能力包括人的自然能力与社会能力，人的能力的提高离不开社会历练。思政课实践教学作为实践环节，能够将教育与社会实践相结合，运用广泛的社会资源，让受教育者在实践中感受公民道德的重要意义，为社会发展建言献策，提供智力支撑，并教会受教育者发现美、感受美，使其获得德智体美劳各方面的提升，实现全面发展。同时，实践教学也是受教育者接受情感熏陶的重要场域，当前社会实践的基地资源是丰富多样的，其中不乏爱党、爱国、爱社会主义的教育基地，加强爱国主义情感教育，也是新时代不可或缺的育人使命。

此外，实践教学环节对受教育者的道德教育也有帮助，实践教学能够借助道德现场的模式，还原道德冲突，激发学生的价值判断与价值选择，让学生能够切实感受道德的难与贵，珍惜道德、弘扬道德。总之，实践教学通过场域的开阔性、形式的多样性、活动的丰富性，为学生感受德、弘扬德，发现美、感受美提供了独特的有利条件，为受教育者完成德智体美劳各方面的提升提供了重要平台。

（三）实践教学是培养社会主义建设者和接班人的重要环节

思想政治教育本身具有意识形态性，承担着培养、造就社会主义建设者、接班人的重要使命。教育是一种人的再生产的文化形式，培养社会主义建设者和接班人表征着时代传承与价值诠释的文化再生产。思想政治教育具有意识形态性，培养社会主义建设者和接班人是我国社会主义建设的必然要求。

思政课实践教学是灵活回应社会热点、实现价值澄清、增强学生社会认同、培养时代新人的重要场域。思政课实践教学是发挥隐性教育的重要抓手，能够发挥实践、文化、网络、服务、组织等多项育人功能，营造"润物细无声"的思想政治教育氛围。此外，实践教学相比于理论教学，具有更大的自主性，能够灵活运用新的教学手段与教学方式，将"互联网+"时代的慕课、App 教学等新型教学模式带进课堂，以更加生动真实的图片、案例、音乐等融入课堂教学与课堂讨论，以适应"90后""00后"的新口味。同时，思政课实践教学还能及时、充分地运用社会新资源，结合时事热点展开讨论，既能让学生充分参与，又能够使教师借机回应社会热点，实现价值澄清，增强学生的社会认同感与民族使命感，为培育社会主义建设者和接班人确立前提条件。

第二节 高校思想政治理论课实践教学的现状

一、高校对思政课实践教学重视度不够

高校如果对实践教学的重要性有科学的认知，就能为实践教学的顺利开展提供强大的助力，反之，则有可能造成课程时间减少、师资配置不齐的尴尬局面。大学生将掌握的思想政治理论知识内化为良好道德素养的重要途径和关键环节就是实践教学。实践教学虽然已经成为高校思想政治教育学科的日常课程之一，但当下其在部分高校仍然处于被忽视的地位，可见高校对其重要性的认知仍不够深刻，有待进一步加强。部分高校认为脱离课堂的实践便是实践教学，没有制订科学的实践教学计划，只是组织大学生走出校园或去参观一些纪念馆，较为随意，以致于实践教学实效性大打折扣。

二、教师对思政课实践教学模式理论探索不足

大部分思政课实践教学指导教师虽然承认实践教学在整个思政课教育教学中的地位和作用，但是，部分教师依然在思想上片面看待实践教学，认为实践教学只是理论教学的简单补充，其存在可有可无，对于思政课实践教学活动开展的积极性和热情不够。还有部分教师仍是将理论教学放在首位，强调学生理论知识的学习和掌握。受这样的价值观念影响，这部分教师在开展实践教学系列活动时花费的精力自然也就不多，对于实践教学难以做到全程指导。同时，一部分思政课教师不能跟上时代发展的步伐，在思想方面相对保守守旧，在学生外出进行思政课实践教学的过程中，一旦安全保障压力过大，这部分教师就害怕出问题、担责任，为了教学的稳妥性，会放弃开展这部分实践教学活动，导致思政课实践教学活动受到一定的压制，教学时间难以保证，不能连续开展，严重影响了思政课实践教学的效果。

此外，思政课实践教学活动具有较强的综合性和实践性，因而对教育者的教学能力有着较高的要求。就整体而言，高校多数思政课教师整体素质较好、有较高的道德情操、理论功底夯实，但思政课属于面向全校大学生的公共课，教学人数多，高校教师课下批改作业与开展实践教学等任务繁重，很难有时间和精力对思政课实践教学模式进行理论探索等科研工作。为解决这些问题，部分高校会聘请外校教师或学校行政部门的人员兼任思政课教师，但是部分兼职的高校教师对实践教学活动态度不够严谨，为完成学时而随意进行实践教学活动，缺乏对实践教学模式理论的深入挖掘与运用，没有选取贴合大学生实际情况的实践教学模式，因此影响了高校思政课实践教学的教学成效。

三、学生对思政课实践教学意义价值的认识、方式方法的掌握不足

（一）学生对实践教学意义价值的认识不足

部分当代大学生对思政课有抵触情绪、不重视，认为学这些课没有用或没有多大实际意义，因此学习的积极性不高。学生在中学就已经学过了历史、哲学、思想品德等思政课程，而这些课程与高校思政课程内容又有重复的地方，这也是造成部分学生不愿意学习的原因之一。这种无用论或轻视论使一些大学生对思政课的实践教学也产生偏见，认为实践教学是形式上的东西，没有实际用处，从而

对实践教学不够重视。

当前，部分大学生只是学习与自己将来就业有关系的课程，认为思政课和自己关系不大，对就业没帮助，不用学。这部分学生忽视了对自身思想道德方面的要求，没有认识到实践教学对于理论的深化和运用及自己综合素质的提高的重要作用。他们对于学校开展的思政课实践教学活动的重视程度不够，仅仅是为了修够相应学分，而忽视了思政课实践教学课程的真正意义。

（二）学生对实践教学方式的掌握不够

实践教学方式多种多样，从内容上，课堂实践教学可以采取案例讨论、模拟教学、影视赏析等方式；课外实践教学则包括社团活动、参观访问、社会调查、志愿者服务等具体方式。从组织形式上看，有分散的实践活动和集中的实践活动，不过不管哪种方式都是为达到实践教学的目标而服务。在实际教学中，学生对实践教学方式的掌握不够是影响思政课实践教学实效性的重要因素。一方面，实践教学形式过于多样和学生难以掌握所有的方式之间的矛盾突出。学生本身就有专业课的学习任务，对作为公共必修课的思政课花费的精力本就有限，投入思政课实践教学的精力更加有限。在这样的情况下，部分学生对多样的实践教学方式掌握不全面，只了解、掌握了一种或几种方式，因而导致实践教学的实效性不佳。另一方面，教师主要充当学生进行实践学习时的指导者和帮助者，学生对实践教学方式具有自主性、选择性。虽然可供学生选择的实践教学方式灵活多样，然而部分学生对实践教学方式的掌握不够，尤其是对具体的实践教学方式掌握不够，进行教学实践时便会敷衍了事，影响教学实效性。就拿社会调查来说，它需要学生在实践过程中通过看、听、问及采取问卷调查、面对面访谈、电话访谈等多种方式进行深入的社会调查。然而实践中，学生往往只采取了看、听等简单方式、活动过于随意，缺乏理论提升。

（三）学生对实践教学方法的实际运用有所缺失

实践教学活动方法的运用是思政课实践教学取得实效的重要因素。在思政课实践教学开展过程中，学生明确了实践教学活动以何种形式展开后，需要根据自身实际情况选择具体的操作方法，如果没有具体的操作方法，主体所确立的实施方法就不能变为现实。虽然思政课实践教学在近些年的实践中，已经形成了一套普遍有效的方法，但是方法作为解决问题的知识性工具，具有客观性、多样性及发展性等特点，运用者既需要经验积累，也需要因时、因地进行创新。而经验积累不足、创新能力不够使得学生对实践教学方法的实际运用有所缺失。

四、思政课实践教学顶层设计与具体操作的衔接性不强

实践教学顶层设计与具体操作衔接性不强，是当前思政课实践教学普遍存在的问题。思政课实践教学的顶层设计是基于统筹管理思政课教学，促成思政课实践教学实现资源最优化、管理制度化和运行长效化的需要而制定的。在具体操作过程中，常出现与工作要求不相符的现象。一是实践教学作为课后环节时缺乏监督与严谨考核。实践教学作为思政课教学的重要环节，贯穿课中与课后，课中的实践教学大致可被保证，但是课后环节却缺乏监督，与第一课堂脱节，严重影响思政课实践教学的专业特殊性与考核严谨性。二是班级人数太多，教师负担过重。由于学生数量庞大，教学人员与教学场地有限，还是出现一些超过百人的思政课班级，教师组织开展实践教学面临很大困难，因此很多教师有着"多一事不如少一事"的心态，不在大班教学中开展针对性的实践教学活动。

由于各高校的办学资源、重视程度不一，加之各高校思政课实践教学自主空间较大，因此具体操作参差不齐。思政课实践教学整体上还未有严格、规范的制度设计，实践教学依然比较孤立和空洞，未能成为课堂教学的一部分，也未能深入人心，因此在操作运行过程中，也容易呈现出混乱无序的状态。教育部文件中规定了校长负责制，但是在具体操作过程中，思政课实践教学更像是思政课教师的职责，并没有形成各教学主体协调配合、共同组织实践教学的局面。实践教学的具体工作细则亟待出台，顶层设计与具体操作长期脱节严重影响思政课的教学质量与教学成效。

五、思政课实践教学资源整合不足

实践教学资源是开展实践教学的重要保障。目前，部分高校在关于整合教学内容资源方面不到位，从实践教学实施情况上来看，思政课各门课程不能融会贯通，各门思政课教师基本上是立足本学科的教学资源，未厘清实践教学目标的异同，导致实践教学主题含糊不清，对同一问题没能多层次和多角度分析。如部分高校教师在思政课实践教学组织方面各自以各自学科的特点选择实践教学形式，没有相互沟通，甚至出现各门课程之间互不知道开展实践教学的组织形式的情况，各门学科之间缺乏整合。在社会实践教学资源方面，学校对媒体、企业、社区等社会实践教学资源的整合不到位，没有充分开发利用，如部分高校只采用知识竞赛、师生同上一堂课等单一的实践教学形式，尚未结合现代化信息手段与实践基地资源进行实践教学，最终导致部分高校思政课的培养目标难以实现，部分大学生综

合分析和解决问题的能力较差，出现知行不合一的情况。

此外，思政课实践教学中还存在对当地资源挖掘不当的问题。

地方资源的有效开掘和利用是保障思政课实践教学顺利运行的重要环节。地方教学资源有历史传统教学资源和新时代改革发展建设实践教学资源，前者是开展革命传统文化教育、社会主义核心价值观教育、信念信仰教育的宝贵资源，后者是青年感受社会创新活力、改革发展、现代化建设生动实践的鲜活资源。但由于历史地理因素，思政课地方资源在我国不同地区存在方式不同、分布不均。因此，保持科学严谨的态度就成为有效挖掘和利用这些资源的前提。

地方资源开掘不当是当前思政课实践教学资源不足的重要因素。一是未坚持正确的政治方向，对地方资源引用偏离立德树人的根本遵循。地方资源是为课程教学服务的，能为课程教学所用是最重要的原则，地方资源的开发利用要以新时代为现实参考，回答新时代的历史和现实问题，一些野史、口述史的正确性并未得到验证，不应被盲目使用。二是未坚持实事求是的原则，开发过度和使用不足并存。地方资源并不是万能的，不能过分拔高地方资源，要以历史事实为依据，恰当、合理地解读地方资源。三是未坚持理论联系实际原则，未以实效性和获得感为检验标准。地方资源是课程教学的补充，在开展实践调研或者课程活动之前，教师应当明确此次活动的任务，让学生带着课堂问题去探究实践，而并非走马观花式教学。同时在地方资源内容的遴选上，教师应当坚持主体性原则，选择贴近大学生学习和生活实际的素材进行提炼和升华，并尽可能让学生参与其中。地方资源是开展好思政课实践教学的重要环节，也是理顺理论学习与实践学习的重要桥梁，思政课实践教学要利用好地方资源，必须将课程资源与社会资源相融合。

六、思政课实践教学资金匮乏

实践教学资金一直是实践教学活动开展的关键保障。如果经费不能到位，没有物质条件做基础，实践教学就难以顺利开展。实践教学活动走出校门产生的食宿、交通都离不开实践经费的支持，由于思政课实践教学尚未得到部分高校领导的高度重视，部分高校对实践教学资金的投入与落实情况并不尽如人意，如部分高校对本科生思政课实践教学资金方面投入不足、落实不到位，出现实践教学缺少经费支持的情况。部分高校出现由原有经费投入校外实践教学转变为无经费投入课上实践教学的情况，这使得参与实践教学的人数与规格受限，导致无法保障教学效果，无法常态化地开展实践教学活动。

七、思政课实践教学缺乏科学有效的管理

高校内的各门课程的实施，均需要课程承担部门、教务部门、统筹协调部门等多个部门及时沟通合作以维系课程的正常运转。在这个过程中，自然也离不开管理部门作用的发挥。高校内的思政课程实践活动要想顺利地开展，就需要负责实践课程的老师与马克思主义学院管理部门、教务部门、学生管理部门等各个职能部门相互沟通，形成系统内的联动机制。但目前，在高校中这种联动机制还没有完全建立，只局限于开展思政课的直接院系负责理论及实践课程的实施，这种现状导致实践课程缺乏较为系统的教学规划、教学大纲等指导性文件，这也就在很大程度上限制了实践课程的开展。

目前高校对于学科教学相关的教学计划、规章制度、实习安排、教学管理等方面的规定还是比较详细的，但是对于思政课教学及实践教学方面，则缺少了教学安排、实践计划等方面的材料。这种资料上的短缺反映出我国目前对于思政课实践教学的开展还存在着很多待发展和完善的地方，这给思政课的实践教学带来了很大的影响，例如实践教学不规范、不科学等，在这样的条件下所开展的实践教学活动必然不能达到预期的效果。

在高校内，任何一门学科都设置了特定标准的课程评价体系，在期末，会根据每一门学科的课程评价体系指标对学生的学习效果进行评价并打分。但思政课实践教学具有周期长，且无法在规定时期内将学生的学习效果完全展现的特点，教师就很难对学生作出较为客观的评价，而且在高校内，还没有建立较为完善的评价体系，对实践活动的评价缺少科学的评价指标体系。目前，我国现有的思政课评价主要由学期内的课堂表现、作业完成情况、期末考试成绩三部分组成，教师根据这三部分对学生的最终表现给出评价，但是这种评价方式较为片面，且未能将实践活动的表现纳入其中，不能体现学生的综合素质。因此，探索建立符合课程实际的思政课实践活动教学评价体系，对于更好地开展思政课实践教学活动，全面地对学生的表现进行评价，均具有重要的指导意义。

八、思政课实践教学各方力量的协同性不足

（一）宏观维度：学校与社会的协同性不足

从学校层面来看，学校未充分将思政课实践教学引申至社会，思政课实践教学平台单一。当前大学生暑期社会调研、挂职等活动多借助社会资源与社会平台，

但是思政课实践教学并未充分借助社会力量,往往是带学生参观革命纪念馆、博物馆,更多的是换一个学习场地与教学方式,并没有真正让学生接触社会、了解社会,因此社会资源的育人功能也难以得到真正发挥。此外,实践教学运行失序也与学校教学机制模糊有关。当前思政课实践教学并没有详细的教学大纲、活动计划安排及制度保障,学校缺少对接的社会实践基地或者实践基地单一。因此,教师开展思政课实践教学时必须借助自己的社会资源,这就存在很大的不确定性,不利于实践教学活动的开展。

从社会层面来看,社会未为思政课实践教学提供充足的实践资源与实践平台。首先,社会资源的开掘是实现充足实践教学资源的前提。当前,因资金、场地有限等因素,众多的社会资源未得到有效开掘,未成为实践教学资源。其次,社会资源纷繁复杂,不是所有的社会资源都适合成为实践教学资源,一些实践教学资源在开掘过程中缺乏有效指导与规划,未经科学删选与加工,存在开掘过浅状况,难以符合学生的成长需要,因此无法为实践教学提供充足资源。同时,思政课实践教学存在时长短、人员流动大等特点,因此大部分单位尤其是私人单位,往往抱着多一事不如少一事的态度,不接待大学生社会实践。学校与社会在育人方面的协同不一与缺乏政策机制保障有关,政策机制的缺乏使得学校与社会难以在同一层面上交流沟通,难以达成合作共识。思政课实践教学是实践育人的重要环节,思政课的课程实践能够为学生与社会提供一个交往的平台,当前学校与社会的协同性不足,是政策机制保障缺失、沟通不平等、未挖掘合作共赢点等因素共同导致的。因而,打破障碍、实现共赢,是实现学校与社会协调育人的前提。

(二)中观维度:各育人主体协同性不足

①思政课队伍与学工队伍协同性不足。当前,两支队伍分工明确,思政课教师负责日常的课程教学和道德培养,学工线负责学生的日常生活管理教育即活动开展,看似分工明确、有条不紊,但若过度分工,也存在现实问题。首先,阻断了资源共享。思政课队伍和学工队伍不管在人员构成、组织模式还是教育内容上,都存在互补可能。在人员构成上,学工队伍相对于思政课队伍普遍年轻化,在网络新技术运用、资源寻找等方面更具有优势,更能满足新一代学生的需求,将学工队伍的创新理念融入思政课实践教学,能够丰富实践教学的形式和内容;在组织模式上,学工队伍相比思政课队伍有更广泛的资源与场域,能够为思政课实践教学提供更加丰富的教学资源与教学载体,帮助思政课实践教学融入众多的学生活动中——思政课实践教学属于课程一部分,有一定的学分考核和分数要求,更

能够规制学生，提高活动的参与度；在教育内容上，学工线的教育内容多偏向实践活动，但由于学工队伍缺乏专业思政功底，因而在教育活动开展过程中难以将纲领、知识自然融入，而思政课教学内容偏理论教学，加上课程学时有限，往往缺乏运用理论、践行理论的场所。其次，思政课队伍与学工队伍的协同性不足还体现在管理冲突上。一是存在重复管理现象。每一项育人政策的出台，教育战线的各支队伍都有落实的责任与义务，但是由于缺乏有效的分工与协调，往往存在多次参与、重复学习、重复管理的现象，致使学生采取应付政策，用同一份学习成果应付各项考核要求。同时，未经协同的重复管理还使得落实的要求不一，使得教师与学生在操作环节存在迷茫现象。最后，思政课队伍与学工队伍的不协同，还会造成管理主体缺失、相互扯皮的现象。

②专业课教师与思政课教师协同性不足。一是专业课教师未认识到自身的思想政治教育使命，在课堂教学中轻视思想政治教育，甚至存在教学大方向与德育导向不一致的问题。思政课教师的百般呐喊可能会被专业课教师一个负面的例子摧毁，这不仅不利于思政课育人实效，更会在学生心中建立过多的矛盾与冲突，增加学生的迷茫心理。二是思政课教师未依据学生的专业特点开展教学。当前思政课多属于公共大课，学生组成复杂、文理混合，教师在第一课堂中难以依据学生的专业特性有针对性地开展教学。在思政课实践教学中，思政课教师也未充分借鉴学生的专业特色，未能借助学生专业课实践开展思政实践育人，使得学校的实践育人模式存在断裂现象，不利于专业课实践教学的政治方向把握，也不利于思政课实践教学取得针对性实效，造成彼此孤立、空洞的状态，未能达成双赢。

（三）微观维度：教师与学生协同性不足

其一，教师不了解学生的喜好与需求。思政课教师以承担学校公共思政课为主要任务，教学覆盖范围广，教育对象专业构成复杂，教师难以掌握学生的喜好与需求，教师的"教"与学生的"学"难以呼应，一定程度上影响了课堂教学的效果。其二，教师与学生在课堂时间的占有上存在矛盾与冲突。小组课堂展示环节的设置在一定程度上提高了学生的课堂参与度，但由于思政课课堂学生数量庞大，每周的学生课堂展示占用将近一课时，不可避免地压缩了教师的授课时间，如教师未对课堂展示内容提前把关，甚至会影响课堂质量。

第三节　高校思想政治理论课实践教学的策略

一、全方位提高对思政课实践教学的认识

（一）提高高校领导对思政课实践教学的认识

学校领导对于学校整体方向的把控具有重要作用，要想促进高校思政课实践教学的发展，首先就需要高校的领导认识到实践教学对于学生发展及能力提升方面的重要作用，进而将思政课及思政课实践教学提升到重要的地位，这是实践教学能够不断发展的重要条件。

针对学校领导层思想认识的提高，主要可以采取以下几方面的措施：首先，身为学校的领导者，加强自身的理论学习是非常必要的，尤其是对于思政课来说，坚守正确的政治观念和价值观具有重要作用；其次，在对思政课的理论基础进行全面了解的基础上，要从学校的政策及文件方面保障实践教学的高质量发展；再次，从学校的组织结构方面来说，应该由学校领导提出建议，成立专业的思政课实践教学领导小组，并设立办公室，由专门的人员负责思政课及实践教学活动的综合统筹协调活动；从次，要对任职实践教学活动的教师进行专业的培训，保证师资力量的强大；最后，加大对实践教学的经费投入，保障实践基地、活动费用等的支出，提高实践教学活动的参与性和效果。

（二）提高教师对思政课实践教学的认识

教师是教学活动的承担者，是与学生直接接触最频繁的主体，教师对于思政课及实践教学的认识，对于课程及实践教学的顺利开展及质量的提升具有重要作用。一些教师对于思政课的认识仍停留在较为浅显的表面阶段，对于思政课的重要性、实践教学的流程、意义并没有深刻的认识，这也在一定程度上造成了思政课及实践教学活动开展流于表面，没有能够深入开展。因此，要想做好思政课及实践教学，高校需要从教师入手，要让教师认识到思政课及实践教学的重要意义，这样才能使教师在教学过程当中倾注更多的心血，设计更多的实践活动及项目，提高学生对于课程及实践活动的参与度，增强实践教学的实际效果。

提高教师对于思政课及实践教学的认识，可以从以下两个方面入手：一方面，加强教师对于实践教学的学习，包括其主要内容、流程、重要意义等，必须要让

教师清楚地意识到实践教学对于学生充分发挥主观能动性，培养独立思考能力、理论联系实际能力、沟通协作能力、创造能力等的重要作用，这样才能激发教师的内在动力，对实践教学给予更多的重视；另一方面，要培养教师多方面的能力，包括组织能力、沟通协调能力、引导能力等，这些能力的具备能够使教师在复杂的实践教学中应对自如，这样才能使实践教学发挥出其预想的效果。

（三）提高大学生对思想政治理论课实践教学的认识

第一，在开展与思想政治理论相关的实践教学时，应当对大学生的兴趣及学习动机有清楚的认识，并且将其作为主要的切入点，使学生能够对思想政治教育有正确的理解。对于教师而言，其也应当对不同大学生的个人需求有一定的把握，对实践教学中的相关内容进行深刻的分析。教师应将教学内容与学生需求联系在一起，并且对这两者之间的关系进行深入的剖析，从而找出合理的切入点，使学生的学习兴趣能够得到有效的激发。例如如果在课堂中需要对相关内容进行研讨，教师可以先介绍相关的要求，然后简要说明举办相关活动的实际意义，要求学生对活动内容进行深入的研讨。通过这一方式不但可以使学生对相关理论知识有更加明确的了解，还可以促进学生的沟通与交流，对其语言表达进行锻炼，增强其团队意识。用这种方法开展课堂主题活动，往往会比传统方法取得的成果更理想。

第二，借助于合理有效的诱因，使大学生学习思政理论的动机能够得到有效的激活，从而使更多的学生能够积极主动地参与各类教学活动。首先，在开展相关的实践活动时，教师可以针对相关问题，创造出一个良好的情境，引发学生的好奇心，从而使学生的学习动机能够得到有效的激发。问题情境的设置往往可以采取多种方法，例如以作业的形式布置，使学生能够在课后主动搜集更多相关的资料，学习与此相关的理论知识；还可以通过随堂问答的形式，鼓励更多的学生参与到讨论中。其次，教师还应当针对学生的个人表现对其进行评价。最后，教师还可以借助学生具有一定的好强心这一特点，在开展相关的教学活动时，以合理的方式组织更多的学生参与其中。例如在开展辩论、演讲等比赛以后，对不同学生的总成绩进行排名，在一定程度上也可以激发学生的学习动机。

（四）提高家长和社会各界对思政课实践教学的认识

对家长来说，学生上学不仅是为了能够掌握专业知识，更是为了培养其具有较高的政治修养和道德修养。如果把学生留在学校和家庭，不让其出去体验其他生活，就难以让他们从实践中感受理论的魅力，如此不仅没有保护好孩子，反倒造成了让他们难以全面发展的局面。因此，家长应对学生参与思政课实践教学活动给予肯定和认可，尤其是课外的实践教学活动，从而真正发挥思政课实践教学的重要作用。

从社会角度看，社会应为思政课实践教学的顺利开展提供便利条件，还要对学生到企业、单位等进行实践教学活动予以支持和配合。在企业或单位开展实践教学活动，不仅可以对高校学生进行思想政治教育，还可以助推部分企业和单位的发展，从某种意义上来说，这是一件多赢的事情。所以，以为国家培养优秀的人才为目标，社会各界也应该重视思想政治理论课实践教学活动的开展。

二、促进思政课实践教学过程渗透融合

（一）遵循教育目标整体性，把握实践教学的正确方向

中国特色社会主义进入新时代要求思政课实践教学在规划与开展的过程中要把握社会主义的大方向，一切以培养社会主义建设者和接班人为己任。在实践教学内容的选择上，要符合社会主流意识形态、符合社会主义核心价值观、符合思政课教学大纲，避免与课堂教学内容脱节与不一致，坚持同向同行。首先，教师要善于挖掘优秀传统文化精髓，用历史讲好中国故事，传达中华精神。在思政课实践教学中，积极纳入传统节日习俗、戏曲表演等，增添实践教学的中华文化意味。其次，教师在开展实践教学时要坚持守正创新，要传承和发展好传统的思政课实践教学的有效方法，也要将新的时代元素融入实践教学之中。最后，将实践教学与专业课实践相结合是以往思政课实践教学的已有成果，新时期实践教学依然能够借助这一平台，将思想政治教育融入专业实践当中。

（二）依据理论课程整体性，规划各课程实践教学内容

基于理论课程的整体性，高校思政课教学内容模式既有相通性又有特殊性。对高校思政课来说，都要进行马列主义、爱国主义等教育，使学生了解中国特色社会主义理论体系内容，并转化为拥护党和社会主义的实际行动。但各门思政课也具有特殊性。教学目标的一致性、教学内容的相通性、实践教学地点的有限性使得思政课各门课程的实践教学内容存在一定的重复，如不加以规划，易造成教育资源浪费。

依据理论课程整体性规划各课程实践教学内容，是厘清各门思政课实践教学边界，化解相通性与特殊性带来的重复性风险的重要举措。依据各门思政课的育人目标，结合各门思政课程的学科特性，可以设置每门课程以一种实践教学形式

为主、N种实践教学形式为辅的"1+N"实践教学模式。例如以"马克思主义基本原理"的经典著作导读、"毛泽东思想和中国特色社会主义理论体系概论"的社会实践调研、"思想道德与法治"的道德情景剧比赛、"中国近现代史纲要"的历史情景剧表演为主，并辅以演讲比赛、专业辩论、微电影制作等，让思政课实践教学既有规定动作，又有额外延伸，以丰富多样的实践教学形式让广大学生都能参与其中。此外，在校外实践教学基地的设立与选择上，也要考虑各门思政课程的特性，要使实践教学课堂更符合课程学科内容。例如浙江大学马克思主义学院各门思政课在最新教材体系基础上，确定10余个符合习近平新时代中国特色社会主义思想理论内涵、体现浙江发展与浙江精神的实践教学基地和主题，根据课程要求设计若干实践教学活动，使其切实深化课堂教学，帮助学生获取和掌握知识，这就是依据理论课程规划实践教学内容的体现。这一方面使得实践教学更具有针对性，另一方面也使得各门思政课实践教学内容不重复，能在统一规划下达到循序渐进的教学目的。

（三）关注课程效果整体性，注重一二课堂内容衔接

思政课第一课堂是教学的主阵地，而以实践教学为主的思政课被视为第二课堂。第二课堂以第一课堂的教学要求为依据，对第一课堂的教学内容进行有效的补充与升华，因此要遵循内容的统一性与目标的一致性，实现第一课堂与第二课堂的有效衔接。具体来说，包括以下四个方面。

一是以第二课堂实践课的具体性补充第一课堂理论课的抽象性。理论课主要讲授事物的本质和规律，本质和规律是无形无相的概念，除了教师的言语表达和学生的心领神会以外，难以有更实际的理解方式，此时，第二课堂实践课可针对第一课堂中抽象的概念开展实际考察，如通过参观党史、国史博物馆等领会事物发展曲折性与上升性的统一、体悟经济基础决定上层建筑的真谛。二是以第二课堂实践课的特殊性与第一课堂的普遍性相统一。理论课堂中展示的本质与规律是人类认识长期发展的结果，不仅能解释历史，还能预见未来，而实践课堂中观看的录像、文物等都属于重温过去的历史，感悟特定的历史实践，将普遍性与特殊性相统一既有利于学生展望长远也有利于其追忆过去、指导当下。三是以第二课堂实践课的多样性补充第一课堂理论课的单一性。教育形式上，理论课主要以讲授为主，而实践课形式多样，有利于调节学生兴趣，提升其学习效率；教育作用上，理论课的倾向性与思想表达非常明确，所以给学生的导向非常单一，如爱社会主义、爱集体，但实践课能承载更多的教育功能，如开展对应形式的实践调研，不仅能

让学生树立集体观念，了解社会主义的历史成果，还能让学生在亲身参与中体会到调研的意义与价值，帮助学生树立做真事、讲真话的品格，并明确劳动的意义与价值。四是以第一课堂理论课的知识性指导第二课堂实践课。我们强调实践教学的重要意义，并不是否定第一课堂理论课的价值，第一课堂与第二课堂的有效衔接需要第一课堂的理论指导，只有在学生领会第一课堂的学习任务、明晰课堂的重难点的基础上，以问题为导向参与实践教学，才能使学习效果最大化。

三、加强思政课实践教学队伍的建设

（一）加大对教师在实践教学业务能力方面的培养力度

首先，高校应为有脱产学习、全日制进修意愿的教师提供支持，这主要表现在政策方面。思政课本身就是一个与时俱进的学科，教师不仅应该有与时俱进、跟上时代的能力，也应当在此方面付诸行动，不断学习，充实、提高自己的能力和水平。而脱产学习，是暂时放下自己的事业，全身心投入新阶段的学习中，是最直接也是最有效的路径。

其次，学校应当积极主动地组织教研活动。不管在什么时候，集中学习和集体教研活动，在教学中都是不可或缺的，包括集体备课、集中学习及教师之间相互的听课等形式。要充分发挥集体的作用，让教师集思广益，相互学习、相互借鉴，达到共同进步的效果。这个过程是其他单方面的个人学习所不可替代的。

最后，相关资料的丰富和资源引进体系的完善。对于高校教师来说，专业资源是很重要的，主要指图书馆、教研资料、内部刊物等。这些是进行教研活动的基础和必需。因此，学校应当时刻关注教师的资源需求，对其合理需求最大限度地满足。这样才能让教师时刻处于专业一线、时刻掌握时局变化、时刻了解最新专业理论成果，从而做到与时俱进，提升素养。

（二）为思政课教师创造必要的物质条件

要想提升教师各方面的素质，以促使教师队伍能组织策划出一个高水平的思政课实践活动，闭门造车是行不通的，高校必须为他们提供必要的提升条件。首先，提供充分的物质基础，这个物质基础不仅仅是活动相关的物质条件，也包括教师在专业成长中所必需的物质基础，有了物质基础，教师才会更有时间和精力去专注自我提升与教学研究，才会对教育事业更有热情。这个物质基础可以从多方面获取，宏观上来看可分为两方面：物质的奖励与政策的保驾护航。

物质奖励方面。一般说来，学校基本上都有自成体系的教师奖惩措施，如职称评级、评优争先等，但是这些奖惩措施更多关注的是精神层面。教师对学生的付出依靠的是对教育事业的热爱与信仰，他们能够感受到职业赋予他们的光荣与职责，但是如果物质奖励上长期缺乏，不免让教师有所动摇，这是人之常情。教学设计是一件费心也费力的事情，特别是实践活动的开展。作为教师，必须要兼顾所有学生，看到事情的全面，在高处随时把控活动开展，应对意外突发事件，对于教师来说，这是一个浩大的"工程"，严密的计划与灵活的应变是基本要求，活动之后还必须有考核和反思总结环节。教师付出如此大量的脑力体力劳动，学校应当给予其适当的物质奖励，只有这样，教师才会有动力进行下一次活动。

政策条件方面，这也是学校层面应当考虑和实现的问题，而且非常重要，因为政策的缺失不仅导致教师教学热情的减退，甚至有可能造成教师队伍人才的流失，在学校教师队伍的扩充时也处于不利地位。具体应当采取如下措施：第一，面向现在的教师队伍，政策应当稳定且充分表达出友好，让教师队伍感到可靠，不会因朝令夕改而不安，造成辞职；第二，人才引进方面，应当有一个对外友好的优惠政策，人才扩充对于高校来说，不仅仅是教师队伍的扩大、优秀人才的增加，更多的是新鲜血液带来的活力与新的经验、新的见解，能够使学校的各个方面都更加活跃；第三，借助外来的力量为本校的相关政策制定提供帮助和意见，例如实践基地的工作人员、思政课实践教学的专家学者，相关实践单位的管理人员等，他们的有益经验会很有帮助。

四、加强思政课实践教学的过程管理

（一）确保理论教学与实践教学及时对接

高校思政课实践教学与课堂理论教学是相互促进和补充的。为培养学生运用所学理论知识、分析和解决实际问题的能力，思想政治理论课的实践教学必须与书中的理论知识紧密联系，提高教学的实效性。

第一，实践教学的内容要与书本上的内容紧密联系。只有提高教师对理论知识的掌握，让老师对教材能够熟练地把握，才能使理论内容与实践教学的内容更好的衔接，才会对理论知识有更好的理解，才能够更好地协调实践教学的内容，提高教师和学生对实践教学的认识。教师学会运用理论知识来指导学生解决实际问题，同样也能够提高自身的理论知识水平。教师还可以让学生带着问题参加实践教学活动，这样有助于对理论知识的理解。例如在安排学生去法院旁听前，教师必须布置学生阅读相关文献的任务，只有对相关法律法规有所了解，学生在进行实践教学活动时，才能够真正地明白法制观念。

第二，要根据理论知识内容的特点选择实践教学的形式。所谓"对症下药"就是在思想政治理论课实践教学的开展过程中，教师要以理论教学的知识点为基础，更好地设计教学目标与教学方案，以提高学生的政治素养为出发点，结合教学内容进行选择。思想政治理论课的一些理论知识点有的适合参观考察、有的适合社会调查、有的适合志愿者活动。在实践中，教师让学生深刻感受到如何实现个人的全面发展。

（二）确保实践教学按照设计方案有序开展

要促进实践教学的建设与发展，加强科学化、规范化的管理是关键。关于确保实践教学按照设计方案有序开展，我们可以具体从以下三个方面入手。

1. 实践课时保障

思想政治理论课实践教学的课时保障是思想政治理论课课实践教学开展的基础，也是确保思想政治理论课实践教学不拘泥于形式化的关键因素。第一，明确在总课时中思想政治理论课实践教学所占的比例。学校应在保证理论教学课时的基础上增加实践教学的课时，一些实践教学活动未必都可以在课堂内进行或完成，若实践教学的课时不够，很难将实践教学的活动顺利开展下去。因此，高校应该根据现有的情况，增加实践教学课时的比例，并不断总结和完善。第二，在不同时段开展实践教学。目前实践教学教师的数量有限，受到场地及学生人数影响，实践教学活动开展受阻。因此，可以分时间段和分年级层次开展实践教学活动。在时间上，学校可以组织学生在国庆长假参观爱国教育基地、纪念馆等，可以利用寒暑假组织开展去敬老院、孤儿院送福利的活动，还可以利用周末双休的时间举办知识竞赛或演讲活动等，让学生充分利用好假期的时间，使其在玩中学，在做中学。

2. 经费投入保障

在开展实践教学的过程中，最大的障碍是经费问题。资金的必要投入是能够顺利开展思想政治理论课实践教学的必要经济条件。因此，为提高思想政治理论课实践教学的实效性，高校必须增加实践教学的专项经费。目前，学校投入的实践经费不能够满足实践教学活动开展的需要。实践教学的研究经费不足一直是影响实践教学活动有效开展的重要因素。学校在研究经费不充足的情况下，可以充分利用社会资源，通过拉赞助筹资金的方式，获得社会支持。但是对于实践教学经费的使用，也需要制定一系列的规章制度进行约束，不能随意使用，要合理运用。学校应该大力宣传，以提供学生实习的方式寻找长期稳定的企事业合作伙伴，这样学生既可以参与到实践中，企业和单位也可以有选择人才的机会，使学校、学生和企业都达到各自的目标，实现多赢的局面。

3. 基地建设保障

开展实践教学，建立稳定的实践教学基地，是思想政治理论课实践教学顺利开展的根本保障。实践教学基地也是课堂外实践教学活动能够顺利开展的必要保证，是理论联系实际的有效途径。目前高校思政课实践教学的基地匮乏，且能够长久地支持实践教学活动的场所也较少，这些都导致实践教学活动不能够按标准、规范有效地开展。因此，为确保思政课实践教学顺利开展，建立稳定和长久的实践教学基地是行之有效的策略。

实践教学基地涵盖了校内与校外两种类型的基地，是实施实践教学的关键场所。高校应根据校内基地和校外基地这两个必要条件，建立一个长久高效的思政课实践教学基地。这样教师在开展思政课实践教学时，可以有多种基地选择，而且基地建设也可以为学生提供一个良好的政治环境，使学生身在其中，不自觉地就感受到品德教育，从而提高思政课的教学效果。建立长久且稳定的思政课实践教学基地，能够确保实践教学的顺利进行。

（三）构建科学的高校思政课实践教学评价体系

衡量一种评价方法是否科学有效，主要是看这种方法能否贯穿整个教学过程。合理的评价方法往往能够对学生的价值观、情感态度、能力及知识等多个层面积极有效地考察，如可以借助于操行评分法及讨论评分法等方式，对学生的最终表现进行合理的分析，并且对其做出终结评价。除此之外，还可以采用调查报告这一形式对学生进行评价。总而言之，常用的评价方法主要包括以下几种。

其一，讨论评价法。这种方法通常被应用至各种课堂教学的过程中，通过这一评价方法，教师能够对学生的具体表现作出合理的评价，与此同时，也可以为学生带来一定的激励效果。不过这种方法会受到时间的限制，在课堂当中无法确保所有的学生都能够发表自己的观点和言论。为解决这一问题，教师可以让学生在课堂以外的时间以发言稿的形式来表达自己的想法，在查阅了大家的发言稿以后，教师可以在第一时间对其进行评价。其二，操行评价法。主要是评价实践教学活动的开展周期内学生的具体表现，包括对困难问题的克服情况、团队合作的开展状况及是否能以端正的心态参与到这项教学活动当中。该项评价工作包括学生之间的互评、学生个体的自评及教师评价。其三，调查报告评价法。这一项评价同样由教师来完成，评价的内容包括调查报告的学术应用性、规范性及创新性，要确认学生所提交的调查报告有没有按照预先提出的格式及字数要求来编写、是否存在抄袭现象等。

对于思政课实践教学，不同的学校会根据自身状况采取不同的形式来落实。部分学校会有针对性地成立教研室，让该教研室承担该项实践教学的整体任务；部分学校利用思政课各门课程来分解该项教学内容的成绩评定，从而掌握实践教学的实际开展状况。所以，应当在对不同学校实践教学的开展方式进行了全面考虑以后再选定合适的评价方法，针对各种实践教学活动分析其评分比例，并基于分析所得结果作出准确、客观的评价。

（四）加强高校各部门协同共管

办好新时代高校思政课实践教学，不仅要求领导层面与具体教学管理部门之间统筹规划、分工负责，还需要高校、机关部门和基层学院明确各自职责，与实践教学职能部门——教务处、学生处、校团委等一道，协同助力、密切配合，形成思政课实践教学合力。

第一，高校党组织及相关部门要强化责任意识，把握思政课实践教学的方向，牢固树立思政课实践教学全程负责思想，设立专门的实践教学负责领导或实践教学组织人员，把思政课实践教学落实到日常教育工作中，保障思政课实践教学的开展。同时积极倡导思政课程与"课程思政"相结合，鼓励、支持思政课实践教学与专业见习、社会调研、学生活动相结合。第二，高校学科及教务部门要把马克思主义理论一级学科作为重点学科，把思政课作为重点课程建设，加强实践教学环节，出台实践教学的详细准则供思政课教师参考执行，使实践教学有章可循，及时解决思政课实践教学中遇到的新情况、新问题。第三，高校宣传部门、组织部门、后勤部门等都要积极配合思政课实践教学的开展，营造实践出真知的风气与氛围，在校车、宣讲设备、宣传设施等思政课实践教学物资配备上、活动场地上、人员配备上予以支持，并积极承接思政课实践教学活动，将思政课实践教学与学生会活动、社团活动等相结合，将思想政治教育渗透进学生成长的各个环节。第四，各部门要积极挖掘校外资源，协调社会资源参与到思想政治教育实践教学之中，采用"引进来"与"走出去"相结合的模式，一方面积极邀请校外专家学者、企业代表和实践经验丰富的领导干部走进课堂，另一方面建设更多的思政课实践教学基地，使思政课实践教学规范化。各高校要根据自身的组织机构设置制定出合理的实践教学责任分配表及思政课实践教学方案，合理规划各部门的职责，做到职责明确、分工合理、协同有序，使效益最大化。

（五）健全思政课实践教学的规章制度

对于思政理论相关的实践教学而言，高校还应当结合实际的发展状况，建立更加合理有效的规章制度。因此，高校不但要站在宏观的角度上对这一实践的具体经费投入、组织机构及实施意见等进行有效的分析，还应当站在微观的角度上对教学大纲及具体的实施程序进行确定。

在开展与思政理论相关的实践教学时，除了要重视建设出合理有效的规章制度外，还应当加强对管理人员的监督，确保相关的规章制度能够被贯彻落实，使其能够充分发挥出实际作用。因此，需要有一种外部力量或者高于学校的力量来对学校内部相关组织管理机构进行考评，高等学校的教育行政管理部门则是考评主体，在我国教育部是高等教育的管理者。高等学校教学指导委员会、教育部高等教育教学评估中心等教育管理部门应当充分发挥自身作用，把思政课实践教学作为考察学校思政课教育效果的重要内容，并将其作为学校各种荣誉奖项评估、硕博学位点评估的重要考量。另外，各级科研立项管理单位要树立实践教学的导向，一方面，将实践教学纳入教师个人申请科研项目的考核范围；另一方面，适当增加"实践教学"科研立项。总之，需要对高校组织管理机构提出更高的要求，使其对执行工作有较高的重视度，并且通过共同努力，营造出一个良好的环境，确保相关实践教学的开展能够更加规范化、合理化。

五、思政课实践教学案例设计

（一）实践课堂——实践与认识及其发展规律

1. 组织形式

该实践教学主要采取课堂讨论的方式进行，即在"马克思主义基本原理"的课堂上，学生在授课教师的指导下，就理论学习过程当中遇到的知识点或重难点问题，尤其是针对理论相关的社会热点问题，与思政课教师交流，互换观点与想法，针对某个问题各抒己见，组织展开讨论、辩论，实现彼此间充分的交流与沟通，产生思想上的碰撞，最后应达成相互理解并且得出求同存异的结果。与传统的讲授式课堂相比，课堂讨论的实践教学形式从授课教师告诉学生某一问题的结论转变为鼓励学生主动寻找答案。这一转变有助于调动学生主动学习的积极性，能够通过让学生自主找答案帮助学生加深对理论知识点的理解，同时也能启发学生对问题进行独立思考，促进师生之间和学生之间广泛交流意见，提高学生独立思考及分析问题的能力，培养学生口头表达自己观点的能力。

2. 实施方案

课堂讨论形式的实践教学实施方案主要包括三个步骤：拟定课堂讨论的主题、布置学生查阅资料并撰写发言提纲、组织学生进行分组讨论并推荐小组代表发言。

（1）拟定课堂讨论的主题

授课教师应根据教学目标及相关知识点内容拟定课堂讨论题目，并将讨论题目提前一周布置给学生，向学生说明课堂讨论主题的目的、意义和有关注意事项。适合作为学生讨论主题的内容包括以下几个方面：重点和难点内容；与知识点相关，且学生感兴趣的讨论内容；与知识点相关，且与国际国内重要时事问题相关的热点问题；与知识点相关，且学生容易感到困惑的理论或现实问题。授课教师应保证课堂讨论的主题明确无歧义。

（2）布置学生查阅资料并撰写发言提纲

授课教师在课堂讨论实践教学前，应给学生布置任务，让学生以小组形式搜集阅读资料，尽量保证小组内每名学生都积极参与其中，并要求学生根据阅读资料整理出课堂讨论时的发言提纲。授课教师应针对学生搜集课后阅读资料的内容、方法及调研方向予以指导。阅读资料应包括丰富的类型，如阅读文字资料、相关图片资料、相关语音资料及相关视频资料等。授课教师应鼓励学生充分利用学校图书馆资源和互联网资源，也可鼓励学生针对课题展开社会调查、访谈等多种课外活动，鼓励学生积极搜集并获得第一手调研资料。搜集资料的过程应尽量保证学生遵循客观性、真实性、全面性及有针对性等原则。授课教师提前一周给学生布置讨论主题，其目的在于保证学生有充足的时间查阅并整理资料，对资料进行整合，鼓励学生在调研过程中提炼自己的观点，并围绕核心观点整理出发言提纲。

（3）组织学生进行分组讨论并推荐小组代表发言

授课教师应组织学生进行分组讨论，可适当介入分组过程，根据学生个人能力、交流能力和平时表现等标准，考虑各小组学生搭配问题，尽量保证小组成员有平等的机会实现课堂讨论，以提高课堂讨论的实效。小组人数一般安排在 7 至 10 人，教师应保证在课堂讨论中安排适于学生讨论的座位模式，有助于小组成员彼此顺利交流，最好为面对面的座位模式。在课堂讨论过程中，授课教师应在教室内走动，巡视每个小组实时讨论的情况，以便于自己及时了解讨论的进度，并随时加入其中，适当引导。自由讨论时间结束后,授课教师应按要求每个讨论小组推荐一名小组代表面向全班发言。

3. 课堂总结

在课堂讨论的最后一个环节,授课教师应总结所有学生代表的发言。同时也鼓励每位学生根据课堂讨论的收获写下自己的想法与感受,并对课堂讨论的形式进行反馈。总结完成后,授课教师应根据每位学生在课堂讨论中的表现进行成绩评定,记作实践课环节的平时成绩。课后,授课教师应收集每位学生的书面心得,有助于自身对课堂讨论的实践形式进行教学反思。

(二)实践课堂——树立正确的择业观

本实践教学的案例选编与教学设计适用"思想道德与法治"教材的相关教学内容,主要包括:职业生活与劳动观念,树立正确的择业观、创业观。

1. 目标设计

采用辩论赛的教学形式,帮助学生深入思考人才的成长规律、专业与就业的关系、就业形式的多样性等关系今后切身利益的问题。通过激烈的对抗,最终让学生在个人职业理想与社会需要间找到平衡,真正能接受、响应党和国家领导人提出的"到基层去、到农村去、到西部去、到边疆去"的号召,心甘情愿把青春之花绽放在祖国最需要的地方。

2. 活动设计

(1)组成辩论队伍

采用自愿报名和授课老师推荐相结合的方式确定辩手,根据辩手所持观点分组,分为正方4人和反方4人。

(2)赛前准备

在授课教师的指导下,完成破题、找到双方争锋点、有逻辑的搭建己方观点、修炼自己的攻击技能等赛前准备工作。

(3)组织实施

立论——交叉盘问——自由人总结——自由辩论——换位思考——总结陈词——观众提问——投票选出最佳辩手。

3. 条件支持

在活动场所方面,辩论赛虽然在教室也能实施,但教室并非最佳场所,报告厅、小剧场等地方更合适,教师可向学校寻求支持。辩论赛需要相应的PPT、计时软件、话筒等器材，教师需要提前准备。在专业指导方面，考虑到学生不熟悉辩论规则和程序，可向校级辩论队寻求支持。

4. 总结点评

①把辩论方式引入思政课实践教学，其目的与社会上以竞赛为目的的辩论赛有所不同。既然是教学，教师就应尽可能增加参与的覆盖面，应扩大观众提问、点评的人数和时间。

②参与的学生表现计入平时成绩，对于没有参与（既不是辩手也没有提问、点评）的学生，课后也应就本次辩论赛写一篇实践课的体会，计入平时成绩。

③授课老师应就双方表现及不足进行点评，尤其要对辩题涉及的争锋点进行全面点评。在此，我们以"大学毕业生当街卖肉是不是人才的浪费"辩题为例，可对三个争锋点进行点评。

首先，专业不对口是不是浪费？不一定学什么就干什么才是学以致用。很多人毕业多年后，发现因为久不应用，自己连初中的数学题都不会做了，是不是就意味着中学数学白学了？显然并非如此。因为我们在学校不仅要学习知识，更要在学习知识的过程中，掌握思维方法，培养独立思考的能力。大学不是职业培训班，它是一个让大学生适应社会、适应不同工作岗位的平台。每一名毕业生都应不断自我更新，成为"被岗位所需要的人"。适合自己的才是最好的，拘泥于所学专业选择职业得不偿失。

其次，大学毕业生当街卖肉能不能利用到自己的知识和智力？大学毕业生踏入卖肉行业，也能够利用自己的知识和智力，让卖肉行业焕发青春，走向高端。高学历和低门槛职业并不违和。"互联网+"已经促使一批高学历人才走向低门槛行业，他们通过互联网推动农业、制造业等传统产业焕发新生机，改变人们心中固有的职业等级观念。

最后，如何看待基层工作的重要性？我们在学校主要是学习理论知识，但要成长为国家的栋梁之材，还要经过实践的磨练，必须到社会这个大课堂中去，向实践学习、向广大人民群众学习。看看我们的国家领导人，他们也大都有过在基层工作的经历。李克强总理年轻时到安徽省凤阳县大庙公社东陵大队插队锻炼，在那里度过四年知青生活。其间，他因表现良好被提拔为大庙大队党支部书记。在当大队党支部书记期间，他尝试着把自己的知识用于实践，带领农民科学种田。习近平总书记15岁时到陕西省延川县一个名叫梁家河的小山村插队落户。在梁家河，他带领黄土高原的群众战天斗地、搞生产、改旱厕、建沼气，利用有限的条件开发新能源,改善人居环境。正是这段农村插队经历,让他有了坚定的人生目标。

正因为他们经历了基层的历练、积累了丰富的基层工作经验,再加上自己的不断努力,才逐步走上领导岗位,最终成为党和国家的领导人。大学生要把心态摆正,在基层一线经受锻炼增长才干,在服务祖国和人民的实践中实现自己的人生价值。

(三)实践课堂——科学发展观

1. 确定主题

本次专题调研的主题为:身边的科学发展观。

2. 组织形式

科学发展,重在践行。大学生应该在理解科学发展观的提出背景和基本含义的基础上,联系自身实际,将科学发展理念落实到自己的行动中。围绕"大学生践行科学发展观"这个主题,教师可以组织学生在校内外实地走访,采用问卷调研和访谈的形式,调查、了解大学生践行科学发展观的现状存在的问题及产生问题的原因、改进策略。要求学生自己设计问卷和访谈问题,开展调研,并统计调研结果,形成调研报告,在班级进行PPT汇报分享。

3. 实施方案

(1)班级分组

8至10人为一组,确定组长,并进行分工(搜集资料、调研方案制定、实施调研、统计调研数据、调研报告撰写、制作PPT、演讲等)。

(2)时间

利用课余时间在各高校大学生群体中进行实际走访调研(大约一周时间)。

(3)流程

①搜集资料:学生通过书籍、网络等媒介,搜集科学发展观的相关理论知识和案例。

②调研方案制定:根据搜集的资料和大学生的现实情况来制定调研方案,调研应当由问卷调研和访谈两部分构成。内容应该涵盖大学生对科学发展观理论的了解、科学发展观践行的现状存在的问题及原因、改进策略等。

③实施调研。以各种方式实施调研,为了方便后续的数据统计,建议使用网络的形式,将问卷做成电子版,如使用问卷星等网络程序,通过各种平台(微博微信、QQ)等将问卷扩散出去。在样本数量上,问卷以100人为宜,访谈以10人为宜。

④统计调研数据。根据前期调研的实施情况，统计调研数据。

⑤调研报告撰写。分析调研数据，撰写调研报告，调研报告应对调研背景、调研实施概况进行介绍，并重点对大学生践行科学发展观的现状、存在的问题进行分析，并在此基础上提出改进策略。

⑥制作PPT、演讲。将调研报告做成PPT，要求思路清晰、数据翔实、文字精炼、图文并茂；在课堂上进行展示汇报，要求语言流畅、生动而富有感染力。

⑦现场答辩。师生就汇报小组的展示进行现场提问，由汇报小组予以回答。

4.课堂总结

教师对各个小组的汇报予以点评，联系教材的理论知识和大学生思想、学习、生活实际，总结大学生应该如何践行科学发展观。

第五章 "互联网+"时代高校思想政治理论课实践教学的创新

本章主要内容为"互联网+"时代高校思想政治理论课实践教学的创新，分为三个小节。第一节为基于慕课的高校思想政治理论课实践教学创新，第二节为基于 VR 技术的高校思想政治理论课实践教学创新，第三节为基于翻转课堂的高校思想政治理论课实践教学创新。

第一节 基于慕课的高校思想政治理论课实践教学创新

一、慕课的概念

慕课英文简称为 MOOC，是指大规模、开放式的网络教学模式，以移动在线、互动交流为主要应用优势，在现代教育教学工作中发挥着重要的作用。其"大规模"的特点主要体现在两个方面：一是从慕课提供的教学资源的数量来看，某一门课的慕课课程在网上是由许多相关的教师和学者发布的，学习资源非常丰富，学生可以根据自己的兴趣，补充学习相关课程的知识，不再是只有上课那几十分钟到一个小时的内容，而是可以从慕课平台上提供的大规模的课程资源中进行选择，以扩充自己的学习内容；二是从参与慕课课程学习的学习者数量来看，如今网络已经成为人们生活中必不可少之物，以互联网为载体的慕课课程更易被人们接受，故参与一门慕课课程学习的学生人数可以达到上千甚至是十几万。之所以说它是一种开放式的课程，一方面是因为慕课课程不但提供教学视频，而且增加了在线讨论、互相交流及自评和他评，在频繁互动和反馈的过程中，教学过程体现了极大的开放性，而不是仅仅局限于以往教学模式中那种"一对多"的单向的狭小的圈子；另一方面，人们加入慕课课程学习十分简单，"准入门槛"非常低，突破了时间和地域的阻碍，慕课面向一切对课程感兴趣的人，无须他们缴纳任何课程费用，换句话来说，它遍布于任何一个有网络的地方，也就是说在网络时代的今天，它是向一切人开放的。

二、慕课的特点

（一）学习资源免费开放

慕课通过互联网技术实现了优质的教学资源低成本甚至零成本的共享。慕课所提供的教育资源大多是免费的，任何学习者都可以在慕课平台进行注册，免费学习其所需的教学内容，甚至可以零成本读名校，这也促进了教育资源在世界范围内的横向流动、共享。当前的慕课课程大多数是由国际名校开设的，由名校名师讲授，保证了慕课教学的质量。

（二）提供完整的教学过程

慕课在整个教学过程中完全不同于传统的教育课堂，同时也和其他在线教育及网络公开课有很大区别。慕课为学习者提供了更加完整的教学过程，在整个慕课教学中，学习者可以在慕课平台上完成学习、完成作业、进行讨论、参加考试、得到测评结果、拿到签名证书，完成完整的教学任务。

（三）自主安排学习

与传统教育的课堂相比，学习者在慕课教学中在选择学习科目上更加具有自主性，学习者能够根据自身的兴趣和计划对学习科目进行选择，并自由安排学习时间，提高了自身在学习中的主体地位，调动了学习的主动性，有利于充分发挥能动性。

（四）注重教学互动

在慕课教学中，教与学、学与学之间是互动的，而且互动是即时的。慕课实现了教、学、交流分享的交互进行，促进了师生之间、有不同背景的学习者之间的相互沟通交流，可以提高教授者的教学水平、提升教学质量、提高教学的实效性；慕课教学中即时的互动有助于师生之间、学习者之间通过交流产生思想碰撞，抓住瞬间的灵感和火花，在大数据背景下，这种激发式、即时性的互动和碰撞，有利于通过集体智慧大规模、集体性地探寻知识、发现真理。

三、慕课与普通网络公开课

慕课是一种在线课程，是一种以互联网为载体的网络课程，但是这种网络课程又与以往的一些普通网络公开课有着显著的差异，且有其自身的特征和优势，不可混淆。其优势与普通网络公开课相比显而易见。

首先，普通网络公开课大多没有预先制定清晰、确切的课程教学计划和教学目标，只是单纯地提供大量课程学习资源，还是没有改变传统教学模式"一对多"的单向授课特点，缺少师生互动及生生互动。简而言之，学生只是单向学习教师在视频中录制的知识，却没有机会在这种公开课中向教师反馈自己学习知识的情况。而慕课课程则具有独立完备的教学大纲和系统性的教学过程。它不仅设置了讨论、自评、完成作业（互评和教师点评）、参加考试等环节供师生之间和学习者之间在线上进行互动交流沟通以反馈教师教学和学生学习的效果，而且教师在要求学生课前学习完指定的慕课课程之后，还会在线下的现实课堂上结合学生学习慕课视频的实际，与学生就一些课程重难点内容进行交流探讨，故慕课十分注重整个教学过程的系统性和即时互动。其次，普通网络公开课一般呈现出来的都是一整段视频内容，有的时长甚至可达几个小时，而心理学的相关理论研究表明，学生的学习活动在课程起始的十分钟左右效率最高，其后的学习效率将会随着时间的增长而逐渐下降。故过于紧密、集中地向学生进行讲授知识点，可能不会全程吸引学生的注意力，反而会造成知识点学习的遗漏。慕课则是将整段视频分成若干个仅有 10 分钟左右时长的小视频，这样就使得教学内容重点突出，既能保证学生学习的效率，也更易为学生所接受。最后，从师资力量来看，慕课的师资团队更为强大，并且多是来自国内知名高校甚至是国际名校的专业水准非常高的教师，这样的慕课课程的质量在一定程度上比普通网络公开课更高，专业性也更强。

四、高校思政慕课的可行性

（一）契合学科性质

作为高校思想政治教育的主渠道，思政课进行的任何形式的创新都需要符合思想政治教育的内涵，并在此基础上进一步满足教育思想的真理性和方法手段的科学性。在思政课教学中将慕课作为一种教学手段，一方面能够提升思想政治教育的科学性，另一方面又为传播教育思想、扩大教育受众、增强教育覆盖面提供了一种全新途径，进而对社会成员产生深远持久的影响力，提高思政课的影响力和渗透力。

（二）目标功能一致

高校思政课与慕课的目标一致。思政课作为大学生思想政治教育的主渠道，其初衷是培养大学生健康的价值取向，进而提高他们对于世界的认识能力与改造能力，促进其自身全面发展。

慕课的主要目标也是传播科学知识，进而传递良好的人生态度与精神品质，促进学习者的自由全面发展。慕课与思政课在功能上有部分重合。慕课首先向人们传达客观世界的基本常识，丰富学生自身的知识体系，同时有针对性地选择相关学习内容。其多元化的学习内容也可以拓展受教育者的视野、激发其学习积极性、增强其创新思维。

（三）受众一致

全体社会成员都是思想政治教育的教育对象，但是这种教育对象不可用同一种教育方法进行，教育必须根据其教育对象的层次性进行。大学生是社会主义事业的建设者与接班人，可塑性较强，心理、生理有较大变化，所以世界观、人生观、价值观可变性较强。因此，我们需要对站在新锐与时尚前沿的他们予以更多的关注，借势激发学习者的价值指向，进而满足其内心需求。

慕课虽然采取网络授课方式，但是从目前来看，大学生仍然是其主要使用者。随着信息的多样化，大学生的需求也越来越多样化，他们对新事物的需求愈发强烈。学校有限的资源供给与学生无限的内心需求之间形成矛盾。慕课能够充分利用网络课程调和这种矛盾，提高有限教育资源的利用率，满足高校学生的多元化需求。

（四）教育政策支持

信息化的高度发展引起了国家的高度重视。2018年以来，中共中央、国务院先后印发了《加快推进教育现代化实施方案（2018—2022年）》《中国教育现代化2035》，两者都指出要充分发挥互联网技术的优势，加快教育改革。慕课作为互联网技术与教育相结合的产物，其在线性、大规模性、开放性的特点可以充分实现优质资源的共建共享，同时满足学习者的个性需求，既促进了优质教育资源的共享，又响应了国家教育信息化的需求。在这种教育政策的支持引导下，高校思政慕课建设迎来了一个新的春天。

五、高校思政慕课的必要性

（一）慕课的应用是思想政治教育规律的客观要求

首先，慕课的运用，是思想政治教育过程中适应超越律的客观要求。所谓适应超越律，即教育者的教育活动一定要适应受教育者的思想品德状况的规律。这一规律旨在说明思想政治教育"适应"与"超越"的辩证统一，凸显了"以人为本"且"与时俱进"的理念的重要性。将慕课运用到高校思想政治理论课教学中，一方面，可以真正贯彻"以人为本"的重要原则。慕课的运用，改变了传统教学模式中呆板的课堂氛围，慕课提供的在线课程中伴随的自评、讨论、测试等环节使学生的学习自主性得到了充分发挥。并且，慕课课程视频的内容和时长都是在充分考虑学习者的实际情况的基础上进行设计的。另一方面，坚持了"与时俱进"的教学理念。一是与时俱进的方法，慕课作为一种新的在线网络课程，将其运用至高校思想政治理论课教学中，本身就是该课程教学方式的创新；二是与时俱进的内容，高校思想政治理论课是党和国家传递意识形态、方针政策等的主渠道，其内容也必须与国家各个时期的主要任务和路线方针保持一致，并且紧密结合每一时期的社会现状，好的慕课课程内容需要定期进行更新，既要保留课本上的理论知识，又要结合现实社会的状况，情理交融，让大家产生深刻的共鸣。因此，将慕课运用其中，是对"以人为本"和"与时俱进"的教学理念的落实，是"适应"和"超越"的辩证统一，是思想政治教育过程中适应超越律的要求。

其次，慕课的运用，是思想政治教育过程中双向互动律的客观要求。思想政治教育过程是教育者和受教育者之间相互影响、相互作用的双向互动过程。毋庸置疑，在开展思想政治教育时，师生双向互动十分重要。然而，在传统的教学过程中，基本都采用以教师为权威的"一言堂"模式，采用由教师到学生的单向传递模式，师生之间的互动极其缺乏，更不用说学生之间在课堂上进行讨论互动了。慕课的运用，在增强教师的主导作用的同时，学生作为学习主体的地位也得到了显现，师生在这种氛围中互动更加频繁，学生进步更加迅速。一方面，慕课作为平台和载体被运用到思政课程教学中，并不是像有些人说的那样削弱了教师的地位，相反，教师变得更加重要了，因为慕课课程的视频内容质量如何，线下课堂讨论学生知识内化的程度如何，教师都是关键性的因素，教师的主导作用不容小觑；另一方面，慕课课程和线下课程的结合，切实发挥了学生学习的自主性和积极性，学生可以根据自己的兴趣和安排选择合适的时间学习喜爱的慕课课程，可以自由参与慕课课程的在线讨论环节并发表自己的观点,可以在线下开设的专门用来交流互动的课堂上积极踊跃地表达自己的观点,而不是只听教师关于知识点的"说教",这样,学生的主体作用被大大凸显出来。所以,将慕课与高校思想政治理论课结合,为师生之间、生生之间提供了许多线上和线下交流互动的机会,并且这是一种双向信息传递模式,既有教师向学生的知识传授,亦有学生通过在线讨论和线下课堂讨论等多种方式向教师反馈学习情况。故慕课在高校思想政治理论课教学中的运用,是思想政治教育过程中双向互动律的客观要求。

(二)慕课的应用是适应当今时代发展的必然要求

人类自进入互联网时代以后,生活方式、交往方式和思维方式变得与以往大不相同,发生了翻天覆地的变化。世界是普遍联系的一个整体,高校思想政治理论课教学难免会受到网络的影响,那么,如果顺应时代的发展,高校思想政治理论课教学将会更好地向前发展,相反,故步自封地延续传统思想政治理论课教学模式而不加任何创新,就可能会导致其在历史的进步中逐渐丧失前进的动力甚至直接被淘汰。所以,思想政治理论课教学需要主动与互联网时代接轨。慕课作为一种全新的集多种优势于一身的在线网络课程,将其运用至高校思想政治理论课教学中,是当今社会信息化思潮的必然要求、是适应当今社会经济新常态的必然要求、是当今信息化时代发展的必然要求。

其一,慕课在思想政治理论课教学中的运用,是当今社会信息化思潮的必然要求。正处于转型期的中国,其社会思潮呈现出多元化的态势,信息化思潮、全球化思潮、新自由主义思潮等日益渗透到人们的日常生活中并对其价值选择和行为方式产生不同程度的影响。特别是当今时代的信息化思潮,使学生的视野得以延伸、思维得以活跃,同时激发了他们更加积极主动的探索精神。显然,在当今的"互联网+"的时代背景下,高校思想政治理论课教师继续以"说教"的方式面对思想独立善变、思维自由活跃的学生,恐怕其时效性和实效性都难以得到保证。因此,当前的高校思想政治理论课教学应当在传统教学模式的基础上注入时代的元素,将新媒体时代下的现代教学技术和传统的教学方式加以融合,使得高校思想政治理论课的教学模式得以优化。

其二,慕课在高校思想政治理论课教学中的运用,是适应当今社会经济新常态的必然要求。一方面,新常态下,经济发展模式有着新的变化,尤其是"互联网+"经济的兴起,对人才的素质要求也更高。所以,为了适应经济新常态并且培养出具有优良科学文化素质和优秀思想品德素养的人才,高校思想政治理论课教学方式方法必须与时俱进，既要鼓励教师提高运用新媒体技术的能力，又要完善更新一些技术平台。另一方面，新常态下，世界各国在经济领域的联系进一步增强，以相互交流、取长补短、借鉴精华、为己所用。慕课可以说是一个很好的例子，使这种联系更加紧密。"互联互通"逐渐成了全球发展的态势，这种"互联互通"很快便不再局限于经济领域，而是日益影响到社会其他领域，包括教育领域，各国都应积极参与其中。慕课最早出现在国外，而把慕课运用到高校思想政治理论课教学中，正是适应新常态下"互联互通"理念的必然要求。

其三，慕课在高校思想政治理论课教学中的运用，是当今网络文化时代发展的必然要求。网络文化是开放性的，在这样开放的网络文化时代，教育者和受教育者可以突破时空的限制，可以对传统的教学模式加以更新。高校思想政治理论课教学同样也需要对传统课堂中那种仅需"一本书、一支笔、一块黑板"的教学模式进行创新，与现代的多媒体技术结合，利用视频、图片等媒介增加教学的乐趣，吸引学生的兴趣，拓宽获取学习资源的渠道，提升教学成效。不仅如此，受到网络文化时代时代下市场经济大环境的影响，受教育者的思想都越来越独立、个性，对于说教式的灌输式教学方式逐渐产生排斥心理，他们更加需要在突破时空界限的、自由开放的交流互动中获取科学文化知识、提升自身的思想品德素养。故高校思想政治理论课教学，应当借助慕课这种新的教育技术平台，适应网络文化背景下受教育者的实际需求，这也是这一课程教学适应当今网络文化时代发展的必然要求。

六、高校思政慕课的积极影响

（一）提高高校思想政治教育教学的针对性

高校思想政治教育贯穿于整个高校教育，由于思政课教师数量的不足，学校往往采取上百人、跨专业的大班授课，单凭一个老师根本无法根据学生的不同特点，采取有针对性的思想政治教育工作，而慕课的出现有可能改变这一现状。利用慕课教学使教师深入了解每个学生的学习状态成为可能。学生每学习完成一个学习任务都会有相应的作业，并需要做出即时回答，教学过程才能继续进行，使学生摆脱了在被动环境下学习的情况，能够自主完成思想政治教育学习计划。同时，其学习过程依据自己的情况决定，这样的学习自然更加具有针对性，特别是学生可以反复观看学习得不扎实、理解得不透彻的知识点，有效提高了思想政治教育的实效性。慕课平台可以利用大数据收集教学过程的每个环节的相关数据，然后经过数据分析，发现教学过程中的不足，并且可以让教师及时了解到每位学生的思想政治理论课的学习情况。因此，授课老师利用慕课平台的大数据技术能够有针对性地开展思想政治教育工作，实现了教学有的放矢、因材施教。

（二）培养学生思想政治教育学习的自主性

慕课教学中的一大特点就是学习过程由学生自己根据自身情况决定。传统的思想政治教育的教学过程一直是教师依据教材制定教学计划，按部就班地完成教学任务，因而思想政治教育经常给人留下灌输的印象。这样经常会出现以下问题：教师的课堂教授是即时性的，如果学生因为个人原因错过了教师讲授的课程，那将无法完全弥补，老师无法为某个学生单独补课；学生选择授课老师的自由度不高，如果不能适应授课教师的教学，很难达到理想的教学效果。学生在传统的思想政治教育环境下，在学习过程中完全处于被动地位，缺乏学习自主性，在教学过程中只能被动接受知识，学习的能动性没有被充分调动。因此，高校思想政治教育可以利用慕课具有的自主性特点，改变教师单向输出式的教学，让学生在学习过程中享有更大的自由。比如，让学生选择课程之前根据对教师的了解，选择符合自己需求的教师教授课程等，这样学生能够根据自身的具体情况决定学习过程，培养了自身的自主学习能力，有利于增强高思想政治教育的自主性。

（三）增强高校思想政治教育教学的互动性

传统的高校思政课都是大班授课的形式，"教"与"学"、学生之间在课堂上进行有效的互动几乎不可能。教师只能通过自问自答或提问几个同学的办法完成教学过程中的讨论沟通环节，学生之间的交流讨论更是几乎没有，这样的状况很不利于学生深入思考知识点，解决那些特别复杂的、不容易理解的问题。如果不通过学生与教师的沟通讨论、不通过学生和学生之间的思想碰撞，很难达到真正的教学效果。诚然，传统思想政治教育确实囿于一些客观条件，缺乏充分的交流互动，这已经阻碍了思想政治教育的发展，成为一个难以克服的困境，须及时得到解决。而慕课作为技术与教育结合的成果，产生了全新的教学理念，它可能将帮助大班教学模式走出困境，大大增强教学过程的互动性。在慕课教学中，一方面，教师利用慕课平台的技术能够轻松向学生提出问题，学生需要先回答，才能继续听讲；另一方面，学生通过平台也能在教学过程中向老师提问，同学之间的交流也变得十分方便。思想政治教育的很多知识属于世界观、价值观、人生观的内容，由于学生成长经历、知识构成的差异，相互之间很容易产生观点不一致的情况，甚至会对教师的观点产生疑问，这个时候就必须在讨论中辨别是非、去伪存真，加深对问题的认识。慕课的自身特点决定了它的互动性，教学互动也正是当前高校思想政治教育亟待解决的困境。

（四）提升高校思想政治教育的竞争力

当今世界全球一体化进程加快，我国如果不融入世界发展的体系中，必将落后于世界，因而深化改革、全面开放是唯一出路。高校思想政治教育也不例外。高校思想政治教育需要放眼国际，要有"走出去"的勇气和信心，只有在开放的环境下，它才会更加具有活力，才能实现更高的发展。高校思想政治教育需要在西方社会思潮的挑战下，帮助大学生辨明是非，提高学生对社会主义的理论自信、道路自信、制度自信，并及时发现自身的不足，不断完善高校思想政治教育，让意识形态的堡垒更加坚固。积极应对慕课带来的影响，是提升我国思想政治教育开放性的重大机遇。合理利用慕课，有利于通过开放、竞争，不断完善高校思想政治教育，提高其竞争力和说服力。

七、高校思政慕课的消极影响

（一）长期"人机互动"易致人际关系疏离

在传统的教学模式下，师生、生生之间共处在一个现实课堂上，教师面对面向学生讲授知识，学生之间也有面对面的交流，无形中也培养了学生的人际交往能力，密切了情感交流。不过对于学生来说，虽然理论知识学习十分重要，但在素质教育和促进人的全面发展等新的教育理念下，各种能力包括人际交往能力和综合能力的培养更是不容忽视。社会交往、现实的人际交往是人的发展必不可少的因素，它固有的优越性也决定了以互联网为媒介的人机互动不能将其取代。而把慕课运用到高校思想政治理论课的教学中时，在这种新的网络教学模式下，以冰冷的计算机为载体，学生和教师不再处于同一个现实课堂中，不是面对面地交流，而是通过MOOC平台进行在线讨论和互动。这时的教师和学生都是一种符号在线，这时的互动也是"人机互动"。慕课只是传播知识和信息的平台，学生通过慕课只能学习理论知识，却无法体验真正的大学校园氛围、浓郁的学风，体会同学之间、师生之间相处的深厚情谊。在慕课的运用中，人机互动代替了师生、生生之间传统的交往方式，这直接导致人际交往不够深刻。

（二）加重师生双方学习和管理的负担

运用慕课开展高校思想政治理论课教学，与传统教学模式相比，教师管理强度和学生学习负担都会加大,主要体现在以下几个方面:第一,慕课学习对学生的自学能力和学习自觉性都有更高的要求;第二,学生学习评价和考核方面的管理强度加大;第三,朋辈教育的影响力减弱直接导致综合管理强度加大。

首先,运用慕课开展高校思想政治理论课教学,对学生的自学能力和学习自觉性都有更高的要求。在传统的教学模式下,学生学习新的思想政治理论课知识主要是通过教师在课堂上面对面的传授,而在慕课的运用中,课程知识的教授主要是通过让学生课前观看教师录制好的慕课视频来完成。在这种情况下,由于教师和学生不在同一个场地,彼此看不见摸不着,只有符号在线,没有任何表情和眼神的交流沟通,学生是否能够自觉、主动地观看视频学习知识,是否能够坚持学完课程内容,是否能够理解课程内容,教师却无法及时掌握。因而对学生自学能力和学习自觉性提出了更高的要求。

其次,运用慕课开展高校思想政治理论课教学,对学生学习评价和考核方面的管理强度加大。针对学生学习评价和考核方面,在传统教学模式下,教师可以通过日常考勤、上课表现、平时作业及期末考试等轻松把握;而在慕课教学模式下,由于慕课课程作业、测试、互动及终期考试都在线上完成,教师无法掌控整个学习过程学生的表现情况,比如学生是独立完成作业还是请他人代写甚至直接抄袭作业,学生是独立完成考试还是请人帮忙甚至直接由他人代考。这些问题使得管理难度不断加大,那么管理强度必然也会随之加大。

最后,运用慕课开展高校思想政治理论课教学使朋辈教育的影响力被削弱,使得综合管理强度加大。开展高校思想政治理论课教学,不仅是对学生进行理论知识的宣传灌输,增强其理论储备,更多的是为实现它的育人目的:提升大学生包括思想政治素质在内的综合素质,促进其自由个性的发展,实现大学生的全面发展。在传统的校园课堂上,学生共处同一个场地,可以面对面地交流,互相学习、取长补短,他们又是同龄人,有着相似的生活环境、相同的兴趣爱好,同学之间的言行在潜移默化中彼此影响,优秀学生必然给其他学生起到了先进榜样的作用,这种朋辈教育的影响力很大并且在育人途径中发挥越来越重要的作用。而慕课在高校思想政治理论课教学中的运用,减少了同学在同一个课堂上面对面相处交流的机会,虽然学生之间通过慕课平台也有交流,也有朋辈之间的互动,但交流只是局限于网络符号信息的传送,缺少了现实接触的机会和情感的交互,缺乏言语、肢体动作和行为的直接刺激。所以朋辈教育的影响力在这种情况下被削弱了许多,那么,高校思想政治理论课教学便要从其他方面加强管理力度。

（三）大幅提高高校财务和人力等成本

慕课在高校思想政治理论课教学中的运用，需要做好视频录制工作、建设师资队伍、及时更新课程资源等，这都需要财务和人力的支持，增加了财务和人力的负担。

一方面，慕课在高校思想政治理论课中的运用，会增加高校的财务负担。首先，慕课课程的开展，需要学校提前安排教师录制视频，由此所需的相关技术支持设备会花费学校的大量财力资源；其次，由于高校思想政治理论课是党的路线、方针和政策及我国意识形态传播的主阵地，其慕课课程内容也必须随着党和国家不同时期的大政方针政策、决议等及时更新，那么，慕课内容的更新，更新内容的重新录制，就需要花费大量财力和人力。

另一方面，慕课在高校思想政治理论课教学中的运用，会增加高校的人力负担。从教师的层面来看，在录制慕课课程视频的过程中，教师需要花费许多精力。慕课课件视频的录制，与教师以往在现实课堂上授课大不相同，对教师的要求极高。他们在录制讲课视频时，需要一直保持高度的注意力和恰当的体态，半点不可随意，同时，受录制视频的时长限制，教师需要将知识点精炼化，语言表达简练清晰；把慕课运用到高校思想政治理论课教学中，还需要建立一支教师队伍专门负责线上与学生互动并为学生实时解答疑难问题。除此之外，在前文中已经提到，由于慕课在高校思想政治理论课教学中的运用使得管理强度加大，这在实际上也增加了人力负担。

八、高校思政慕课存在的问题

（一）思政慕课质量有待提高

从课程设计的角度来看，慕课一节课的时长一般限制在 5~20 分钟之内，能够更好地利用碎片化时间，不给学习者造成较大的心理负担，使学习者可以在排队、坐车等可利用的时间内完成一节课的学习。同时，一节课只讲一个知识点的模式让学习者能够迅速定位所学内容。但是，现如今，很多教师在制作慕课视频时，只是将教学内容简单地分割成一些碎片，依然还是照本宣科。这样的简化处理并不能发挥慕课的真正功能，而这些低质量的慕课对思政课来说，其影响更加恶劣。一节不合格的思政课可能会对学生产生误导，一节照本宣科的思政课可能会抹杀学生进一步学习的兴趣，再加上强制性观看的条件，更易使学生产生抵触情绪。

由于慕课进入高校思政课程领域的时间还较短，大部分教师制作高校思政慕课还是流于形式，基本只是把线下课程中的教授内容简化。

（二）思政慕课互动性仍需加强

任何事物都有两面性，慕课的开放性决定了慕课学习者不受时间、空间等因素的限制，但也使学习者缺失了学校等固定环境的学习氛围，学习的仪式感不强，不利于注意力的集中，学习者常常入耳不入心，甚至出现笔记本播放着视频，学习者依照着惯性盯着电子屏幕却脑袋空空的现象。除了缺乏学习氛围，学习者还缺乏紧迫感。知识变成了一个个产品，琳琅满目，任君挑选，只需要点击拖动几下就可以弥补之前由于思想开小差而错失的内容，唾手可得的知识让学习者抱着无所谓的态度甚至拖延的态度，大大降低了学习效率。

（三）思政慕课内容与现实脱节

思政课教学，既是教育者按照社会要求进行组织教学的过程，也是受教育者根据自身需要接收教育内容的过程。

传统教学中，虽然教材编写存在滞后性，但是教师在课堂教学中可以补充，确保思政内容的时效性。而提前录制好的慕课则由于其制作程序较复杂、制作成本较大，课程视频不可能因为某一个最新的时事政治或突发性事件而进行变更。这样就很难保证教学视频中的教学案例与时代发展不脱节，就很难激发学生对于思政课的学习热情，也难实现思政课与社会热点、学生关注焦点的及时接轨。

（四）学生认可度不高

特殊的成长环境和认知方式决定了新时代的青年大学生在理论学习中更加注重自身个性需求的满足，其对理论学习的主观性和体验性相对要求更高，而且"否定性思维"比较明显。尽管慕课以其开放性、大规模、免费性使得很多在校大学生在接受课堂教学的同时，能够利用业余时间选择自己感兴趣的知识，完善自身知识体系，但是提及思政慕课教学，新时代的青年大学生对其认可度不高，主要有如下三种情况。

第一种情况就是学生对于这种崭新的慕课教学授课模式认识相对较少，不了解慕课的授课方式、组成部分、积极作用，甚至对慕课一无所知。虽然慕课的出现距今已经有近十年时间，但是它仍然没被普及到各个高校，大部分高校仍然坚持传统课堂教学，对于未加入慕课学习的高校，学生甚至老师可能都对慕课不甚了解。

第二种情况即学生虽然对慕课有一定认识，甚至进行过少量的慕课课程学习，也认识到了其具有开放性、大规模、免费性与方便快捷的特点，但是他们在学习过程中并没有得到太大的收获，没有课堂教学中的参与感、获得感，故而逐步在学习过程中失去了对慕课的好感，再加上部分思政课教师以理论灌输为主，学生的积极性未被充分调动，因此他们对思政慕课这个新事物接受度降低。

第三种情况是一部分学生虽然对慕课也有较为充分的了解，但是由于长期接受传统课堂教学，他们对传统课堂教学具有一定的依赖性，认为传统课堂教学效果更加明显，不太愿意接受慕课学习。慕课作为新发展的教学方式，提倡自主学习，将学生视为学习的动作发出者，如果学生对慕课缺乏足够的认同，学习效果必然会受到冲击，进而影响慕课的发展。这部分学生认为传统课堂教学更加生动，更加方便与老师面对面交流自己的疑问，能够更加快捷地得到老师的解答，同时可以根据老师的教学，有针对地进行模块复习，更加直接地提高成绩，所以这部分同学更愿意沉浸在传统课堂教学中去学习，去坚持自己的学习方法。

（五）深层次服务不足

1. 缺乏稳定的教学服务管理队伍

按照慕课发展的规划，慕课建设的主要队伍应当划分为两支，一支负责课程的录制，是呈现在学生面前的主讲老师；另一支负责为同学们解答学习疑惑、对教学内容进行补充、与同学们互动，这部分教师为助教。助教作为慕课教学日常管理的主体之一，应该是一支稳定且有丰富教学经验的队伍，他们需要指导学生在线学习，跟踪了解学生动态，督促学生学习进度，协助主讲教师开展教学交流活动。但是目前绝大多数慕课的助教主要由主讲教师的硕士或者博士学生担任，缺乏教学交流经验，很难做好慕课课程的维护和互动。有超过一半的慕课课程参与者认为在与助教交流时交互有困难，自身疑问无法得到及时解决。

2. 缺乏配套的个性服务

当前思政慕课的使用者以在校大学生为主，他们的年龄几乎全部分布在20~25岁，他们的个性特征突出表现为个性张扬、活力焕发、情感体验强、人格提升欲望较大，因而对个性化的学习要求相对较高，他们正是看中了思政慕课平台可以为他们提供个性化学习的机会，进而选择这种学习方式。但是，令人失望的是，有些学习者认为这种学习经历与传统的灌输教学相似，未能充分发挥慕课的真正优势，无法根据自己的特点和学习能力得到个性化服务。慕课平台在教学过程中嵌套了一些相关的随堂练习，完成作答后方可继续学习，表面上看这一强迫形式有效地缓解了学生应付学习的情况，但是由于可以不限次数答题，并且即使答题错误也不需重新学习课程，导致这种监督力度微乎其微。思政课的教学内容是课程专家与学者根据当时的时事热点、教学大纲进行设计的，兼具理论热点和教学难点，但是由于慕课课程上线及使用的滞后性，难以满足学生多元化的关注焦点，无法达到慕课预定的教学效果。

九、高校思政慕课的优化策略

（一）更新教育教学理念

在慕课网络教学平台的应用背景下，学校方面应注重创新思政教学理论，建立思政教学与慕课推广的协调机制，以此全面提升高校思想政治教育工作的网络化和信息化。在具体教学工作中，教师也应更新自身的教学理念，勇于创新，善于利用最新的教学理念改善以往落后的教学组织方式，为慕课教学在高校思政课堂的应用做准备。实践工作中，学校和教育工作者都有创新高校思政教学理论的责任与义务。因此，其应利用先进的思想理论武装自己，探究慕课教学的实际应用价值，促进高校教育教学方案应用的科学性与合理性。

实践教学中，教师应注重将慕课形式与课堂教学有机结合，利用网络平台的先进性和灵活性，完成对具体教学内容的补充，并且通过慕课形式吸引学生，提升高校思政课堂中大学生的参与度，这也是慕课教学网络平台在高校教学体系中的应用价值。在慕课教学模式应用的背景下，高校应抓住机遇，将其用于探究实践教学中，并且利用合理的计划方案，促进高校思政教育理念的升级与完善，为慕课教学模式的高效应用创造便利条件。高校思政教学具有开发性和时效性，这与慕课教学特点相吻合。因此，高校要利用慕课网络平台的技术形式，更新高校思政教育理念的可行性。相关教育工作人员应注重对慕课平台的应用，引导大学生自主完成学习任务。

（二）完善思政慕课教学模式

1.课前：线上"深度预习"

在课前阶段应主要达成教学的"知识目标"，师生选择部分概念性知识的内容由学生自主学习，因此该阶段教师与学生的活动主要围绕知识传授展开。整个教学模式以教师为起点，该阶段主要包括教师慕课微视频的制作与精选、学生微视频的学习等环节。该环节为一种"脱域性"学习方式，不再受学习空间的限制，是典型的异位散布式教学。在这一阶段，教师及教师所在的教学团队，首先需要在对教学大纲的总体把握下，整体认识和把握教学目标与教学内容，结合学生认知与思想实际情况，确立教学重点、难点，选择恰当的教学方法，进而根据教学方法以提出问题、分析问题、解决问题为教学线索，构建起教学逻辑体系。教师在此基础上围绕教学内容实际录制微课程视频，将微视频、拓展资料、社会热点问题等一起上传至慕课平台，并发布为小规模限制性在线课程，以供学生选择学习。需要注意的是，在此环节，教师也可以根据已有慕课选择适合自己教学内容与教学方式的慕课课程，将其推荐给学生。

在开始进入课堂学习之前，学生根据教师的推荐及自身的爱好与认知，自行观看慕课视频与相关教学辅助阅读材料，利用慕课对教学内容进行学习，实现对基础知识的有效掌握和对自身价值观的初步构建。在这一环节，要求学生掌握不需要过多引导、没有太多争议、相对稳定的知识。这样就可以将原来课堂上传授基本知识的时间节省下来，以保证提升能力的教学时间。学生可以结合自己的兴趣爱好、对该知识的认知、任课教师的要求，选择适合自己的思政慕课课程进行学习。在自主学习的过程中，学生可以通过线上讨论等渠道提出自己的疑惑、发表自己的看法、分享自己的收获。教师以此为参考，结合新时代学生心理需求及思想认知冲突情况进行课堂教学设计。学生通过这一环节可以初步建立起符合教学目标和社会要求的认知。这一阶段，传统课堂教学中的创新方法仍然适用于线上线下混合教学。在思政课中，对于思政教学中的教学重难点，教师可以通过设置"闯关式测试""构建思政题库""随机抽题""反复闯关"等活动，增强学生对知识的再认识。在线上预习阶段，教师必须制定明确的教学任务，在课中环节通过线下活动有效巩固并检验线上学习结果。

2. 课中：线上线下"深度融合"

课中阶段，主要包括师生线下课堂教学及小班讨论，在该阶段，也应该特别强调学生的主体地位。在线下的课堂教学中，教师应当积极合理地引导学生就本节课的教学难点与教学重点进行思考，结合实际问题进行讨论，以弥补线上教学的不足。同时，该环节设置的讨论题目应与课前环节的预习内容"深度融合"、有效衔接。师生面对面讨论问题，通过对问题的研究与探讨，实现思想政治理论的内化，提升对学生研究能力的培养与锻炼。同时教师需要把与学生认知相矛盾、冲突的观点在课堂上加以引导，把利用马克思主义理论诠释现实问题的环节放在课堂上加以讲述。鼓励学生积极参加课堂讨论、各抒己见、畅所欲言，在讨论互动中实现情感升华、思想净化，实现对党的政治理论的进一步认知与认同。最后，教师进行对知识的归纳总结。当前我国思政课线下教学主要以大班教学为主，教师课堂讨论很难覆盖大部分学生的思想疑点，因此，混合教学模式中的另一种角色——课堂助教也就应运而生了。助教需要将学生在慕课平台讨论区提出的相关问题进行整合，按话题进行归类，从而化知识的被动接受为主动探索、互动讨论。这种思辨互动式教学能够达到教学效果的更优化。

如前所述，这一阶段，传统课堂教学中的创新方法仍然适用于线上线下混合教学。在思政课中，教师可以通过设置"分享式阅读""研讨式学习"等，强调学生对阅读成果的分享，由学生走上讲台分享文献，调动学生的积极性与参与度。这一阶段，学生可以有效内化所学知识，并加深理解，同时有效消化课程重点，突破课程所涉及的疑难点，形成"大思政观"，打通各门思政课之间的脉络。

通过"先学后教"的教学方式，教师可以将更多课堂教学时间用于探究学习的开展与思维拓展，使传统思政课教学结构受到颠覆、教学空间得到拓展、教学流程更加完善、师生双向互动得以增强，促进师生教学相长。

3. 课后：线上线下"深度检验"

课后阶段，需要在课堂教学结束以后，学生有效利用慕课平台中的课后讨论环节、课后练习环节进行课堂学习知识检验。同时，学生也应利用好慕课平台中教师提供的课程补充资料，开阔自身视野，提升思想政治理论素养。

除此之外，教师需要积极组织专业相关的实践活动，引导学生将思想政治理论与现实社会实际、专业学习相结合，在实践中进行研究，分析解决社会问题，分析专业知识背后隐藏的思想政治理论。这样不仅可以加深学生对于马克思主义的内化理解，也可以帮助学生增强社会实践能力，并将自身掌握的理论外化于行，将知识学习转化为社会性活动。教学团队也可以在慕课平台开展一些诸如思想政治理论知识竞赛、社会热点分析等活动，增强慕课教学缺乏的实践环节。

在课后环节中，教师也需要加强对学生的学习效果检验，可以采用线上线下相结合的测评系统开展测试。一方面，教师利用线上题库进行知识检验，利用大数据统计学生的课堂参与程度；另一方面，结合学生社会实践，给予学生一定的成绩认定，帮助学生获得良好的学习体验，也有利于鼓励学生积极参与到整个教学环节中。

（三）建设优质高校思政慕课课程

思想政治理论课是思想政治教育的主要渠道，是整个高校思想政治教育活动的核心环节。从慕课的时代背景来看，互联网和信息技术的发展已经深入教育的各个领域，对传统教育及教学造成了很大冲击。高校思想政治教育的传统教学面临着严峻的挑战，如何利用互联网推进高校思想政治理论课的改革和巩固马克思主义理论在高校大学生中的领导地位，是高校亟须解决的一个重大问题。

因此，高校思想政治教育的慕课课程必须从内容到形式都要进行高质量的设计，而不是单单从技术层面包装传统思想政治教育课堂，这样设计建立的思想政治理论课程才能有吸引力，才能真正提高思想政治教育教学的实效性。

近几年，国内越来越多的重点大学加入慕课的浪潮之中，并形成了果壳网、中国大学MOOC等中国本土慕课平台。高校思想政治教育要利用好这些优秀的慕课平台，建设一批优质的思想政治教育课程，根据在平台中实践的情况，从中择优进行教学推广，打造出高质量的思想政治教育慕课课程。

（四）积极创设有利宏观环境

目前我国慕课建设经费主要来源于学校自筹与企业负担，事实上，政府也应该予以财政方面的支持。一门慕课课程的建设动辄需要数十万甚至上百万的经费，这对于高校来说是一笔不小的支出。经费在教育事业发展中占据着基础性、主导性地位，我国教育经费主要来源于公共财政，如果缺少完善的教育投入保障机制，那么教育就难以从根本上进行提高，因此在思政慕课建设方面政府应当予以资金支持。资金的投入是开设慕课的重要物质基础，只有资金投入充足，才有可能建设出优质的慕课课程，才有可能促进思政慕课建设发展。各地政府可以设置慕课建设专项资金，一方面为高校慕课建设提供充足的经费支持，另一方面也可以鼓励各大高校进行慕课建设，促进思政慕课的蓬勃发展。

思政慕课建设也需要完善相关法律法规作为保障。慕课作为新生事物，在现实中有许多问题亟待解决，比如学生在慕课学习完成以后的学分认证问题，教师在这些慕课录制过程中的责任问题，录制慕课过程中教师享受的权利与需要履行的义务问题，慕课录制完成以后的知识产权问题，线上线下教育协同问题等，都需要法律法规在更大程度上予以完善，以促进慕课更好的发展，促进思政慕课朝着更加积极的方向迈进。

政府需时刻关注教育发展趋势。政府作为高等教育发展的外推力，有责任、有义务关注教育发展的动态。在"互联网+教育"的时代背景下，我国必须牢牢把握住教育的发展动态，促进我国教育在有远见、有视野的范围下更好地发展。只有培养出更优秀的人才，我们才有可能在竞争中取得更加主动的地位。思政课的发展关乎着我们国家的未来，中华民族的伟大复兴、中国梦的实现、21世纪社会主义事业的全局，都离不开一代代青年人的奋斗。而慕课作为线下教育的补充，在整个高等教育事业中占据着不容忽视的地位。政府应当结合时代背景，关注教育动态、促进教育发展、促进思政慕课发展。

（五）加强师资队伍建设

想要合理地运用慕课来开展高校思想政治理论课教学，师资队伍的建设不容忽视。无论是线上课程还是线下课程，教师的作用都极其重要。首先，慕课视频是由教师发布在网上的，教学视频的质量的优劣，很大程度上取决于教师的思想政治理论课的专业水平和综合素质；其次，课程发布者即教师需要参与到慕课中与学生进行互动交流，答疑反馈，这对教师责任感和专业素养及计算机技术素养的要求也非常高。所以，打造一支思想政治素质高、理论知识扎实且综合素养强的，能够胜任高校思想政治理论课慕课教学的强大师资队伍十分必要，其重点在于培训和考评。

首先，打造一支强大的师资队伍，重点在于培训。一方面，高校应承担起对该课程相关教师的培训。由于主讲主教这类课程的教师多为文科专业，不懂不精网络技术与应用，所以，对他们进行培训以使其具有扎实的计算机技术和网络运用等基本素养尤为必要。建设高校思政慕课教学师资队伍，高校应当义不容辞地承担起对教师在网络技能和专业素养方面的定期培训工作。另一方面，在于高校思想政治理论课教师自身追求进步的觉悟。每一个高校思想政治理论课教师都要有自觉迎合慕课教学的新潮流的意识，积极主动地提升自己的综合素养，让自己能够运用慕课来开展高校思想政治理论课教学。思想政治理论课教师要主动提高自身的专业素养，使自己具备坚定的理想信念、扎实的马克思主义理论功底、开阔的学科视野即教学视角的同时，不局限于这一领域，还应积极借鉴相关学科知识。这些扎实的理论素质都是教师运用慕课开展高校思想政治理论课教学的重要基础，如果缺乏这些最根本的东西，那么慕课也就成了哗众取宠、浮而不实的，仅仅为了追赶潮流的空壳子，虽具形式感，却丧失了它作为一种新的课程模式所应该发挥的效用。不仅如此，高校思政慕课教学的教师应主动提升自己的教育技术素养，保持高度的热情来接纳新事物，不断创新和改进运用慕课进行教学的方式方法，并努力探寻如何实现慕课与高校思想政治理论课教学的最优结合。在这个过程中，每一个教师都应不断地完善自己，争取在采用了这个新载体之后，实现教学效果的显著提升，逐渐减少外界对思想政治理论课的质疑，提升此课程的信服力和感染力，提升学科自信，也增强作为思想政治理论课教师的自信心。

学校应当鼓励教学团队集体教学。只有学校创造条件鼓励教师团队教学才有利于思政慕课以更高的质量、更高的效率被制作出来。当时机成熟后，学校可以协调多方力量，组建教学团队、技术团队、服务团队，共同完成一门慕课课程的建设。

同时学校应当完善慕课发展激励机制。各级领导都要充分重视激励机制，有效解构和实施激励机制，同时鼓励人力资源部门立足于本校实际出台专门的慕课建设激励机制。学校要处理好物质与精神激励的关系，既要发挥物质激励的作用，满足中青年教师对于成家立业的经济需求，也要发挥精神激励的作用，让教师与教师及教师与管理层中形成一种良性的和谐互动的氛围，满足教师的情感需要，还需要处理好正面激励与负面激励的关系，不仅对于积极参与思政慕课建设的教师进行鼓励，同时对于消极怠工不予配合的教师，也应当予以一定的惩罚，优化高校教师慕课建设环境，充分发挥激励机制的作用。此外，学校要协调群体与个体激励的关系，既要重视在思政慕课建设过程中认真履职，不辱使命的教育工作者，同时也要给予这些优秀人物所在的群体以充分的认可，使其发挥群体效应，进而约束群体中相对不积极的个体，对他们产生鞭策作用。

其次，打造一支强大的师资队伍，重点还在于考评。高校思政慕课的效果如何，教师起着举足轻重的作用，所以必须重视对教师的考评，构建科学的教师考评体系尤其重要。相关负责部门应当在科学的考评理念指导下，采取合理且灵活的考评方法，如定性考评与定量考评相结合的方法，短期考评与长期考评的方法对高校思政慕课教师进行有效的考核。

第二节　基于 VR 技术的高校思想政治理论课实践教学创新

一、VR 技术概念

随着互联网、大数据、人工智能的蓬勃发展，VR 技术应运而生。在此，本书从狭义和广义的角度对其进行划分。从狭义角度看，VR 全称（Virtual Reality），其中文名字叫"虚拟现实",它以计算机图形技术、模拟技术为核心,辅以传感技术、网络并行处理技术等,建构虚拟仿真世界,打造作用于人们视觉、听觉、触觉的与真实环境高度近似的数字化的仿真环境,给人们身临其境的感受和体验。广义的VR技术涵盖狭义的内容,主要是泛指一切与之有关的能够实现模拟仿真的软硬件,以及所使用的技术与方法。例如"人工现实"(Artificial Reality)、"虚拟环境"(Virtual Environment)、"赛伯空间"(Cyberspace)等。VR技术借助人机交互,达到现实与虚拟空间的有机转换,使人沉浸于逼真的环境之中。

二、思政课VR实践教学的理论基础

马克思主义实践观与情境认知理论是高校开展思政课VR实践教学的两大理论支撑。

实践—认识—再实践—再认识,是人类社会积累知识、提升能力的有效途径。在人们认识与改造世界的历程中,实践活动发挥了决定性作用。它能为人类的认识提供契机,更能为检验认识的正确性提供平台。马克思主义认为,实践是认识的来源,也是认识的目的。VR实践是人们通过互联网,运用计算机和虚拟现实技术,在网络中有目的地进行探索、改造信息客体的客观活动。作为一种新型实践活动形式,"VR实践没有动摇马克思主义实践观中物质生产实践的基础地位,尤其是以脑力为核心的生产实践"[1]。因为无论VR技术如何发展、如何先进,终究离不开人类的物质生产实践活动与人类思维的进步。思政课既重视知识、理论的传输,更关注实践素质、应用能力的培养。思政课教学离不开实践活动的协助与支持。随着虚拟仿真技术的发展,VR实践已然成为人类社会实践活动的重要形式。故而,构建科学、合理的"VR+思政"实践教学模式是人类实践活动形式不断深化与发展的生动体现与应然要求。

情境认知理论认为,"学习活动必须在具体的情境中展开,有效学习发生在当学习者沉浸在一个特定情境中,并通过用在该情境中获得的知识体系与实践技能来解决问题之后"[2]。VR技术与思政课实践教学的结合,在传统物理学习空间外延伸出一个不受时空限制的虚拟现实场域,为学习者提供了广阔而逼真的虚拟环境。学习者置身于"真实"情境中,通过沉浸式(Immersion)、交互式(Interaction)、感知式(Imagination)、智能式(Intelligence)的体验,能够增强学习动机,提升对学习内容的参与度。因此,思政课VR实践教学通过让学习者的活动范围更加

---

[1] 习近平. 习近平谈治国理政:第三卷[M]. 北京:外文出版社,2020.
[2] 杜颖. VR+教育:可视化学习的未来[M]. 北京:清华大学出版社,2017.

宽阔、学习时间更加灵活、学习资料更加丰富，帮助他们在鲜活的情景中关注影像背后的理论逻辑，最终完成自身知识的建构。

三、思政课VR实践教学的现实支撑

（一）5G网络覆盖面扩大为思政课实践教学与VR技术融合夯基筑台

作为一种新兴的实践教学形式，思政课VR实践教学需要必备的技术支持。5G网络覆盖面的扩大及大规模的商业运用，为思政课实践教学与VR技术融合提供了基础性技术支撑和新的广阔空间。

5G为思政课实践教学与VR技术融合提供了网络支撑。思政课VR实践教学对网络有较高的要求，它需要大连接、低延迟的网络作为支撑。5G侧重实现人与物、物与物的智能化连接，这为思政课实践教学与VR技术的智能化连接提供了前提。作为最新一代蜂窝移动通信技术，5G具有超高清、低延时、高速率、高稳定性的优势，为VR技术的运用提供了优质的网络环境，克服了过去数字教育资源需要从服务器端调用过大视频、高清图像及复杂交互功能等所附带的延迟、卡壳、低清晰度等现象，优化了师生在使用过程中的视觉体验感。5G为思政课实践教学与VR技术融合提供了技术支撑，实现了"云网融合"，打破了数据传输和存储边界，攻克了速度慢、连接少、耗能高等技术壁垒，促进了VR技术的更新换代。目前，在思政课实践教学中，已经有通过依托VR技术来创设诸如"重走长征路"等教育主题，构建思政VR实践实训室的实例。但从运行情况来看，当前VR实践实训室在教育资源、互动形式及场域应用等方面仍存在着局限。而作为VR技术实现突破的"催化剂"，5G能够助力VR技术迭代升级，使VR体验设备朝着智能化、轻量化、便携化方向快速发展，从而打破思政课实践教学时空的限制。

5G为大学生提供了全新的思政课实践教学体验机会。思政课实践教学依托5G技术，借助VR创新方案及"全浸式"VR技术，利用智能感知设备和感知系统，打造与思政课主题密切相关的模拟环境，能让学生获得真实情境的感受与体验、将抽象内容变得可触摸、可互动、可感知。大学生由此能够产生对思政课VR实践教学的亲近感、认同感，转变对部分思政课实践教学遗留下来的"呆板印象"。

（二）思政课实践教学与VR技术融合契合新时代大学生的特征

新时代，思政课实践教学必须契合大学生的时代特征，充分尊重他们的学习习惯和接受习惯。推动思政课实践教学与VR技术相融合，就是对这一要求的充分回应。

思政课实践教学与 VR 技术相融合适应大学生"形象"与"动态"结合的学习思维。大学生的思维活动倾向于在具有画面感和动态化的场域下展开,将思政课实践教学与 VR 技术相融合能根据学生需求,有选择地增设各种主题,营造"沉浸式"的育人场域,把抽象的原理、概念的形成过程虚拟为直观的、可感受的情境。这契合了大学生的学习思维特点,能有效激发他们学习的内生动力,让他们在积极参与中自主释疑、增信,实现从间接、被动获取知识向直接、主动学习知识的转变,提升思政课实践教学的获得感。

思政课实践教学与 VR 技术相融合适应大学生个性化的学习方式。信息化深刻改变着大学生的学习方式、交往方式和生活方式。随着信息化进程加深,青年大学生的视野更加开阔,学习需求日益多样化、个性化,从而对个性化的学习服务提出了迫切要求。VR 技术具有沉浸式、交互性、多感知性、自主性等特点。实现思政课实践教学与 VR 技术相融合,一方面能够使教师实现对学生语音、情感等数据的获取,根据不同学生的学习需求,通过虚拟现实中的丰富情景对他们开展个性化教学;另一方面也能使学生根据自己的学习习惯、接受习惯和接受能力自主确定学习目标、选择学习内容,真正做到个性化学习。

思政课实践教学与 VR 技术相融合适应大学生对教育内容的多样化诉求。时代是思想之母,在信息化时代,大学生置身于信息"井喷式"输出的环境,信息迭代快、摄取广的特点使他们产生多样化的思政教育内容诉求。实现思政课实践教学与 VR 技术相融合,能充分利用 VR 技术多维度、多领域、多层次的信息传播功能,也能有效利用 VR 技术体验感强的特点,挖掘更多的教育资源,不断拓展思政课实践教学内容的广度和深度,满足大学生多样化的教育内容诉求。

(三)思政课实践教学与 VR 技术融合是教育现代化的必然要求

教育是国之大计、党之大计。教育现代化是建设社会主义现代化国家的基础与前提。推动思政课实践教学与 VR 技术相融合,是教育现代化的必然要求。

思政课实践教学与 VR 技术相融合符合现代化的教育理念。中共中央、国务院印发的《中国教育现代化 2035》中提出了推进教育现代化的"八大基本理念"[1],即更加注重以德为先、更加注重全面发展、更加注重面向人人、更加注重终身学习、更加注重因材施教、更加注重知行合一、更加注重融合发展、更加注重共建共享。

---

[1] 中共中央、国务院印发《中国教育现代化 2035》[EB/OL].(2019-02-23)[2021-12-25]. http://www.gov.cn/xinwen/2019-02/23/content_5367987.htm.

推动思政课实践教学与 VR 技术相融合,符合现代化的教育理念。从某种程度上讲,二者融合既是现代化教育理念推动的必然结果,也是贯彻落实现代化教育理念的重要方式。在实现思政课实践教学与 VR 技术融合的过程中,能形成"一人一机"的教学模式,确保大学生享有公平、优质的教育资源,做到更加注重面向人人。同时,教师能基于融合态势及时了解学生的思想动态、理论诉求和实践要求,从而更加注重因材施教。

思政课实践教学与 VR 技术相融合契合信息化时代教育变革的要求。加快思政课实践教学信息化建设,是时代之需,也是创新教育模式、全面实施素质教育之要。思政课实践教学与 VR 技术相融合催生了现代化的教育手段,是推动建设智能化教学的重要举措,也是实现信息化时代教育变革的必然之举。对 VR 技术的教育功能进行深度挖掘,不仅能对教育过程、教育效果形成智能化评估,也能使教育目标、教育内容实现智能化组合,从而实现思政课实践教学的智能化转变,提升思政课实践教学的信息化水平。

四、思政课 VR 实践教学的优势

(一)打破时空局限,节约教学资源

高校思政课教学,尤其是实践教学,往往受到时空限制、教学资源分配不均等诸多因素影响。VR 技术视域下高校思政课教学为打破时空限制、更好地节约教学资源提供了可行方案。VR 技术的应用完全使学生置身于一个沉浸式 VR 世界中,在这个虚拟现实的世界中打破了以往时空的束缚,让教师足不出户完成相应的教学任务。与以往传统的实践教学相比,VR 技术视域下的实践教学更加方便实效,有利于节约教学资源,并且能够使学生完全沉浸其中,接受逼真的教学信息。VR 技术的应用可以使教师在天津的课堂上带领学生参观南京中山陵的庄严肃穆,让学生对伟人肃然起敬;在北京的课堂上领略泰山之巅的雄伟,让学生感受祖国山川的景秀壮美;在河南的课堂上接受井冈山红色文化教育,让学生接受革命文化熏陶。VR 技术拥有强大的构想力、创造力、超现实力,具备远程虚拟现实强大功能,为打破时空限制、节约优化教学资源、提高学生学习效率奠定了基础。

(二)内容丰富鲜活,教学效果显著

随着时代的变迁、科学技术的飞速发展,VR 技术虚拟现实场景更加信息化、逼真化、人性化。教师通过 VR 技术虚拟书本上的人物事件,操控客户端,有重点、

有计划、有目的地引导学生开展课堂教学。学生则完全可以通过 VR 设备与历史人物对话、参与历史事件。学生在虚拟现实的世界中以自然的方式与虚拟世界中的舞台进行交互，相互影响，从而产生身临其境的感受和体验。[①]VR 技术的操作实施依附庞大数据库，学生在沉浸式的 VR 情境中，可以通过 VR 设备主动检索大量信息，激发思维灵感，提高自身的动手动脑能力，大大提高思政课教学的实效性，达到"思政+信息技术"的创新。同时，针对思政课课程中含有的抽象、难以理解的内容，VR 技术还能够变抽象为具体，将枯燥乏味的理论知识转化为通俗易懂的文字图片，从而大大降低学生的理解难度，通过化文转图，可以有效降低思政课堂单调性、乏味性，缓解学生视感疲劳。

（三）迎合学生特点，教学更接"地气"

作为青年一代，大学生具有独特的思维方式、新颖的生活习惯，这就要求高校思政课教学模式要不断与时俱进、不断创新。高校思政课的开展是在"青年人头脑里搞建设"，必然首先考虑青年人自身的特点。高校思政课教学需要以人为中心，在教学设计、教学过程中，注重突破传统教学模式的弊端，构建适应新时代大学生的求知特性，不断赋予高校思政课新特性与新模式。随着"两微一端"的迅速普及，互联网和移动新媒体正逐渐改变着青年人的生活方式。"无人不网，无日不网，无处不网"的现象正在成为主流社会常态。将思政课嵌入 VR 课堂，能够有效刺激学生动手、动脑、动嘴能力，不断激发其学习热忱，充分调动学生在思政课堂上的积极性、主动性、创造性。同时，"VR+高校思政课堂"将改变传统单调、乏味的课堂教学模式，打破"一言堂"现状，时刻"以人为本"，围绕学生开展教学，将以师为尊转变为师生双主体，充分尊重学生主体地位。在 VR 技术应用于思政课教学的过程中，教师借助于 VR 技术，可以通过操控平台及时掌握学生动态，便于加强师生之间的良性互动，让思政课堂更加接"地气"，更具活力。

（四）降低教学风险，均衡教育资源

VR 技术具有虚拟现实性，因而打破教学时空限制，已然不是一个遥远的梦。未来高校思政课教学将实现足不出户完成相应的实践教学任务。相较于以往长途跋涉、跨区域进行的实践教学形式，VR 课堂形式对学生可控性更有保障，可以避免过多意外事件的发生，将危险系数降到最低，切实体现"以人为本"的教育理念。同时，VR 技术在某种程度上具有均衡不同高校、不同区域教育资源分配的优势。

[①] 胡小强. 虚拟现实技术 [M]. 北京：北京邮电大学出版社，2005.

教师利用 VR 技术可以实现区域之间教育资源的共享，使不同区域、不同高校教育资源的均衡化成为可能，实现教育的协调化与均衡化发展。目前，我国区域经济发展水平不均衡，势必造成东西部教育资源差距悬殊的现实问题，同时，高校之间师资力量分布不均匀等问题也十分严重。面对这些客观的现实问题，VR 技术能完全突破时空限制，打破传统实践教学模式。在这虚拟学习环境中，不同高校、不同区域教学资源实现共享已然成为可能，能够实现协同发展，共建和谐的高校思政课教学环境。

五、思政课 VR 实践教学的实践价值

实践教学是高校思政课不可分割的组成部分，但是受现实条件的限制，目前许多高校思政课的实践教学活动未能尽如人意。其中课内实践教学局限于课堂展示与辩论、大学生校园活动，甚至常常被理论课程替代，缺乏"规划性、系统性、可操作性"；课外实践教学存在"参与面小、资金投入高、安全隐患大"等问题。VR 技术通过计算机构建的 3D 虚拟世界，能够提供可视化的学习资料、多样化的交互模式及灵活化的学习时空，从而给思政课堂带来"沉浸、交互、感知、智能"的体验。这种以学生体验为主的知识获取方式能够有效破解思政课理性教育难以入心、感性教育实践不足的问题，激发当代大学生的学习自主性，提升教学的时代感、亲和力与实效性。具体而言，"VR+思政"的实践教学形式将呈现以下应用价值。

（一）拓展思政课实践教学场域

思政课实践教学场域是教学过程有序运转的重要保障。不断拓展思政课实践教学场域，是思政课实践教学顺利开展、教学效果稳步提升的前提。当前，高校思政实践教学主要以校园、纪念馆、博物馆、展览馆、企事业单位等场域为依托，实践教学场域有限。VR 技术是拓展高校思政课实践教学场域的重要手段，不仅能推进实践教学线上与线下、虚拟与现实、动态与静态相互融合，还能突破过去与现在、时间与空间、现实性与非现实性场域的联结局限。在 VR 虚拟现实空间里，教师可根据大学生的现实需求、关注点、疑惑点等因素创设虚拟现实场域，有针对性地将学生置于特定的虚拟现实场域之中，对他们进行理想信念、道德观念、家国情怀等不同主题的教育引导，帮助他们树立正确的世界观、人生观、价值观。

（二）创新思政课实践教学形式

思政课实践教学形式是教师在把握思政课实践教学规律和学生特点的基础上，

为最终实现实践教学目的所采用的手段与方式。当前，高校思政课实践教学形式以参观考察、社会调查、志愿服务等活动为主。尽管这类实践教学活动有积极作用，但同时也存在着实践教学覆盖面窄、渗透性浅等缺陷。将高校思政课实践教学与 VR 技术相融合，是对传统思政课实践教学形式的创新。它实现了由过去以参观、调研为主的体验感弱的实践教学形式向人机交互、角色扮演等体验感强的形式转变，克服了在社会实地调研中以观察为主、操作为辅，甚至只观察不操作的弊端。与此同时，教师还可创设不同的主题情景，烘托不同情景下的教育氛围，使学生在非强制的状态下，受到虚拟现实情景的感染熏陶，从而达到教育目的。

（三）提升思政课实践教学实效

思政课实践教学是落实立德树人根本任务的重要渠道，必须注重实效。将思政课实践教学与 VR 技术相融合，能有效提升思政课实践教学的针对性、自主性，满足学生个性化的需求，助力思政课实践教学实效的提升。一是提升思政课实践教学的针对性。学生可根据自己的兴趣特点和知识水平，选择不同的 VR 虚拟现实主题，以此来解决不同教育对象之间学习不同步、学习程度失衡的难题。二是提高思政课实践教学的自主性。思政课实践教学依托 VR 技术，形成虚拟与现实相结合的情景式教学，学生在这个过程中能够不断增强学习的主体性、激发学习的内驱力。三是满足学生个性化的需求。借助 VR 技术，思政课实践教学可以克服以往实践教学活动存在的教育内容空洞化等弊端，推动教育内容供给侧改革，提升教育内容供给的"精"和"准"。

六、思政课 VR 实践教学现存的问题

（一）成本问题：前后期间投资成本高

VR 技术作为一项新兴技术，其以开发难度之大、产品价格之高著称。高校若想普遍使用 VR 设备用于思政课教学，无论是从自身研发，还是采购相关的 VR 教学设备来说，都是一笔不小的费用。对于部分教学资金紧缺的高校而言，大范围将 VR 技术应用于高校思政课教学难以实现。在思政课 VR 实践教学过程中，花费最多的就是生产内容，无论是做渠道，还是做超级教室，都需要让用户为这些优质的内容"埋单"。同时，后期高校思政课 VR 教学制作内容同质化严重。部分高校一心打造自己精品课程，往往单打独斗，势必会增加自身 VR 课程研究制作成本。一节精品 VR 高校思政课程需要由一线教师、专业策划师、3D 建模师、

3D 动画师、音效师、专业程序人员等工作人员制作而成。众多的工作人员，烦琐的制作过程，必然导致"VR+高校思政课"投资成本增高。同时，随着课程内容不断更新、充实、发展，社会热点层出不穷，学生心理特征也在时刻发生变化，这就需要高校思政课教学课件不断更新，以弥补自身不足，更好地服务于教学。非一劳永逸的高成本、低效率课程制作内容都令很多高校望而止步。

（二）实效问题：学生交互体验感不足

高校思政课 VR 实践教学能否达到教学应有的实效性，这是来自高校和外界各方的"顾虑"和"质疑"。学生交互体验感不足是质疑高校思政课 VR 实践教学实效性的主要原因之一，其中造成学生交互体验感不足的原因主要有以下两种。一是 VR 技术服务于高校思政课教学的过程中，自身存在的诸多问题也渐渐呈现出来。头戴式显示设备体积过大、重量较大、视域相对狭窄，头部活动的自由度完全受到限制。学生头部长期置于沉浸式头盔里面，容易产生视觉疲劳，VR 头盔的延迟效应，更容易使学生产生头晕目眩等不良反应，这无疑会严重影响学生的体验感，严重影响教学效果。二是 VR 设备自身存在的缺陷，教师无法通过客户端及时掌握学生学习动态及学生具体接触的信息状况。这容易导致学生在 VR 思政课堂上获取知识量大幅度降低，不利于学生掌握科学理论知识，更不利于其全方位提升自身品德修养，成为新时代有用、有为好青年。

（三）教师问题：对思政课教师要求高

教师是教学的主导，在高校思政课 VR 实践教学过程中，教师面临严峻挑战，以往单纯灌输式的教学方式难以适应虚拟现实的 VR 教学。VR 技术嵌入思政课堂对高校思政课教师提出了全新的高要求，正如将"教师称为艺术家"赋予教师创新性，将教授学业提升至艺术创作的至高水平，追求艺术的完美性。教师只有操作 VR 技术熟练、本领过硬、有丰富的 VR 技术基础、能够完全驾驭 VR 设备及相关配套设施，才能使其更好地为思政课教学服务。同时，教师必须改变过去的教学模式，摸索出一套适合虚拟现实的教学模式，能够根据实际教学情况制作出相应的教学课件，不断根据时政热点增添新的内容，使课件内容更加丰富充实，让高校思政课更加有趣、有料、有意义。教师要全面掌握学生的动态，这样才能真正将技术服务于教学，而不是为技术"打工"。

（四）关系问题：思政课三者关系不清

VR 高校思政课主要面临着"主体"与"客体"（即"教"与"学"）、"主体""渠道"（即教师主导与教学手段）、"客体"与"渠道"（即教学对象与教学手段）三对关系。目前，在 VR 高校思政课教学过程中，此三对关系处理不当现象依然存在，具体表现如下：一是"主体"与"客体"的"教"与"学"关系处理不当，VR 高校思政课教学过程中存在部分教师的"教"与学生的"学"未能真正衔接起来，一味追求教学模式的新颖度，只求"哗众取宠"而"忘其根本"；二是"客体"与"渠道"的关系处理不当，现实 VR 高校思政课教学过程中部分教师忽略了学生这个受教育主体，倡导技术为王，舍本取末；三是"主体"与"渠道"的关系处理不当，部分高校思政课教师过于夸大、凸显技术重要性，整节课以"机灌"为主，倡导技术主导课堂，教师作用降低。其实，将 VR 技术嵌入高校思政课堂，必须把握一个"度"的问题，如果一味地强调技术忽视内容，则可能过犹则不及，难以达到理想的效果，当然，嵌入力度不够也会达不到理想的教学效果。因此，想让 VR 技术实现合理运用必须张弛有度。

七、思政课 VR 实践教学的实现路径

（一）确立思政课 VR 实践教学的原则

1. 坚持理论与实践相统一

实践教学是思政课的重要组成部分，要与理论教学共同服务于思政课教学活动。然而，现实教学活动中两者长期互动不足，存在某种程度的脱节。将 VR 技术与实践教学结合是为了突破思政课传统教学模式的瓶颈，增强理论知识与实践应用之间的互动，做到用所学理论指导虚拟实践，并用虚拟实践验证所学理论的科学性、合理性与先进性，达到提升思政课教育教学效果的目的。因此，思政课 VR 实践教学的开展应坚持理论与实践相统一的原则，切莫忽视理论和实践之间的内在联系，要摒弃为实践而实践的做法。

2. 坚持虚拟与现实相统一

虚拟实践是在虚拟空间进行的一种"真的假"。作为一种发生于虚拟空间的实践形式，不能完全替代真实的实践活动。虚拟实践是传统实践的扩展与延伸。其开展的目的是为了与传统实践取长补短、形成教育合力，共同服务于思政课教学，而不是为了完全替代传统实践教学活动。为此，思政课教师在教学过程中，不能因过分凸显虚拟实践而忽视真实的社会实践，应积极采取线上与线下相结合的方式，促进虚拟和现实的充分融合，搭建一个"虚"与"实"相间的实践教学网络。

坚持虚实结合的原则,要既立足现实又面向虚拟,统筹虚拟与现实空间的思政课实践教学,依据实际情况灵活运用好这两种实践教学形式。

3.坚持"有趣"与"有味"相统一

思政课VR实践教学以其新颖的形式有力提升了教学的趣味性。但同时,思政课VR实践教学不能仅停留在"有趣"上,而必须坚持"内容为王",在优化内容供给上下功夫,实现"有趣"与"有味"相统一和知识传授与价值引领相统一。

4.坚持教师主导与学生主体相统一

长期以来,思政课教学活动存在着重理论轻实践的偏误。其中理论教学常常采用照本宣科的灌输式教育,而实践教学由于受时空限制往往内容空泛、受众面小。故而,在思政课传统教学活动中,教育者发挥着主导性作用,受教育者处于被支配地位,学习积极性不高。教育的本质是师生之间的交往互动。"VR+思政"的实践教学形式能够打破思政课传统教学活动中单向度的主客体关系,凸显出受教育者在学习过程中的主体性。为此,开展VR实践教学,要秉持主体间性理念,发挥教师的主导性与学生的主体性。

一方面,在思政课VR实践教学中,思政课教师是教学活动的组织策划者、教学规范的制定者、教学流程的监督者,是整个教学运行的关键,必须坚持教师主导,发挥教师的积极性、主动性、创造性。另一方面,作为受教育者,大学生的学习主体性发挥程度则直接影响着思政课VR实践教学效果的提升,必须充分激活学生的主体性。唯此,才能将思政课VR实践教学的技术优势转化为实践教学效能。

(二)厘清思政课实践教学与VR技术的关系

1.思政内容为体,VR技术为用

技术永远为内容服务,这既是基础也是原则。在高校思政课实践教学过程中,将VR技术嵌入思政课堂,打破固有的高校思政教学弊端,有助于在追求课堂教学实效性的基础上,进一步探索创新型课堂教学,寻求新时代教学新形式。在追求技术创新、思政课教学新颖度的同时,我们也急需考虑"何为本"这一问题。高校思政课教学的初衷是内容为王,技术为用,应合理把控二者所占比重,防止舍本取末、因小失大。高校思政课在学生人格塑造的过程中发挥着重要作用,是立德树人的关键课程。教育的本质是灵魂的呼唤,而并非纯粹知识的灌输,思政课更是如此,其教学目的与本质制约课程设置,故而何为本、何为用,将无须质疑。

思政课教学无论从其初衷还是实质而言，皆是追求教学实效性最大化，时刻秉持"以人为本"，将教化与培养学生作为出发点、归宿点，其余都是配角。在思政课堂上切忌盲目追求教学形式的新颖性，切忌为了吸引广大学生眼球，而过分夸大、凸显技术的重要性，导致整节课以"机灌"为主，违背思政课教学初衷。

2. 思政教师为主，VR技术为辅

自古以来，教师在学业教授过程中扮演着重要角色。教师的教书育人、解疑释惑的主体地位一直未曾动摇。然而，伴随新媒体新技术的横空出世，其优越性逐渐被世人认可，甚至无限放大，更有"技术代替教师"声音萦绕耳际，并有相当一部分学者对此深信不疑。究其原因，不难引起我们的反思与重视。教师作为思政课堂教学双主体之一，其重要性不言而喻，无可替代。VR技术被视为高校思政课教学"渠道"之一，自然是辅助思政课堂教学的"工具"。VR技术嵌入高校思政课教学，其利的引导、弊的规避，完全取决于教师，而非VR技术。主体与渠道二者关系的把控、在思政课教学过程中所占比重，需要回归思政课教学的目标与归宿。过度追求教学的新颖度、追求华丽而忽视实效性，显然是没有摆正二者的关系，是盲目追求VR技术优势，忘其根本，没有合理协调平衡二者关系所致。教师没有更好地扮演言传身教、循循善诱的施教者角色，更没有正视VR技术优势与劣势，充分发挥其优越性，没能取其优势、弃其不足，因而也无法用其辅助思政课教学，以达到思政教学效果最优化。

（三）加强VR技术应用于教学的内容设计

VR技术作为现代教学手段是切实提升教学实效的有效举措，VR技术与思政课的充分结合，使教、学双方达到共赢，其必须突出思政课教学的一个原则——"内容为王"。在内容设计过程中，教师需要有效激发学生的学习兴趣，帮助学生加深对知识的理解，提高学生的综合能力，使树立正确的价值观。在某一知识或案例的教学当中，教师可以采用一种或多种情境，也可以在模拟情境中，创设出不同的情境。VR技术应用于思政课，须体现对于新时代大学生个体差异性的考虑，关注授课对象的多元性和接受度，助力价值塑造与引导。教师需要有效借助情境教学法进行教学，注重学生的情感体验，借助VR技术所联系的广阔网络空间获得更多知识资源，进一步提升教学效果。同时，要结合思政课本身的特点，虚拟场景的历史性与真实性不容忽视，因而在VR思政课程设计过程中一定要尊重历史，不能胡编乱造或过度娱乐化。在建构过程中要做好相关文献资料的搜集和采用工作，应当尽可能还原历史真实场景。

(四)构建思政课 VR 实践教学模式

实训室、资源库及网络系统是支撑思政课 VR 实践教学的软硬件基础。其中,不同的网络系统决定了不同的教学模式。因此,构建高校思政课 VR 实践教学模式的关键在于科学设置相应的网络系统。依据网络系统所要实现的功能与目的,可以通过以下系统模块来开展相关教学活动(图 5-1)。

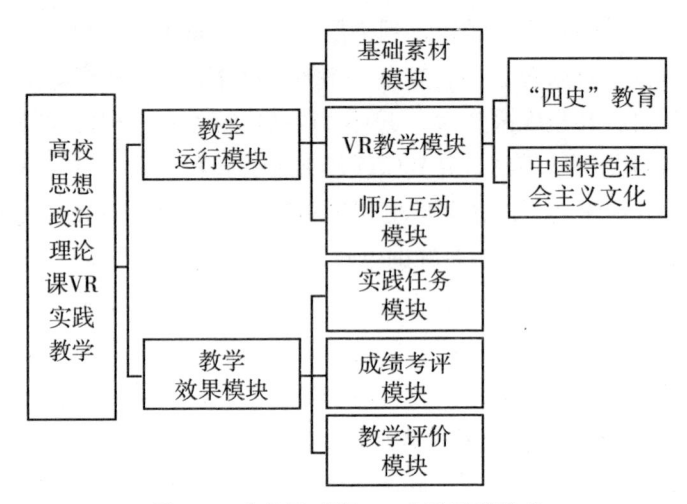

```
                            ┌─ 基础素材模块
              ┌─ 教学运行模块 ─┼─ VR教学模块 ─┬─ "四史"教育
高校思想政治    │              └─ 师生互动模块  └─ 中国特色社会主义文化
理论课VR      ┤
实践教学       │              ┌─ 实践任务模块
              └─ 教学效果模块 ─┼─ 成绩考评模块
                            └─ 教学评价模块
```

图 5-1　高校思政课 VR 实践教学模式

为体现教学过程与教学结果的统一,思政课 VR 实践教学网络系统有两大子系统,教学运行模块与教学效果模块。

其中,教学运行模块包括基础素材、VR 教学和师生互动三大模块。基础素材模块主要用于静态教学资源展示,涵盖党和国家重要文件精神的解读及思政课程实践教学知识点的介绍。该模块通过文本图形、视频音频等形式为学生课前预习、课后复习提供参考资料。VR 教学模块即具有沉浸感与交互性的虚拟实践教学资源库,内容丰富、形式多样、与理论有机结合的虚拟仿真资源是提高学生兴趣、保证思政课 VR 实践教学效果的基础,因此,该模块是整个系统运行成败的关键。我们在 VR 教学模块设置了两大主题:"四史"教育和中国特色社会主义文化。师生互动模块主要用于教师与学生之间、学生与学生之间课前、课中、课后的交流讨论,学生基于所学内容咨询问题、发表学习感悟等。

教学效果模块包括实践任务、成绩考评与教学评价三大模块。实践任务模块用于教师发布实践任务、浏览批改学生作业,学生完成在线测试、网络调研,提交 PPT、电子文本、视频音频等形式的实践作业。成绩考评模块用于对学生在 VR

网络系统中完成的实践任务予以评价，其考评标准须体现过程性考核与结果性考核的结合、教师考评和学生互评的结合。教学评价模块用于学生、教师、教学督导等对 VR 网络系统中设计的虚拟情景、课程内容、教学环节、实践任务等的运行效果进行评议，以促进教学活动的良性循环。

加强大学生"四史"教育与培育其"文化自信"在新时代高校思政课建设中具有全局性意义与深远性影响。据此，本系统的 VR 教学模块归整为"四史"教育和中国特色社会主义文化两大主题。其中，"四史"教育主题包含中共党史、新中国史、改革开放史和社会主义发展史的虚拟实践教学场景。它所涵盖的具体内容主要有共产党宣言、新文化运动、中共一大、遵义会议、长征足迹、全面抗战、中华人民共和国成立、抗美援朝、"一五"计划、深圳奇迹、执政为民、北京奥运、精准扶贫、科技创新、美丽中国等。中国特色社会主义文化主题由优秀传统文化、革命文化、社会主义先进文化三类虚拟实践教学场景组成。其具体涉及的文化要义有精忠报国、知行合一、大医精诚、红船精神、井冈山精神、长征精神、延安精神、"两弹一星"精神、雷锋精神、小岗精神、抗疫精神等。需要指出的是，VR 教学资源作为整个网络系统的核心是一个不断开发与完善的过程，它需要在使用过程中不断进行及时补充与更新，以满足现实教学需要。

（五）提升思政课教师 VR 技术水平

思政课教师 VR 技术运用能力是影响思政课 VR 实践教学质量的重要因素。教育者先受教育，思政课教师要积极学习，不断提高 VR 技术运用水平，以确保思政课 VR 实践教学的顺利进行。一要增强思政课教师 VR 虚拟现实硬件的运用能力。熟练掌握 VR 虚拟现实硬件的运用方法，是思政课 VR 实践教学顺利开展的前提。具体而言，思政课教师要熟练掌握包括 VR 触摸屏互动一体机、VR 互动观光台、VR 体验椅、场馆内的资料触摸屏等硬件设施的具体使用方法，熟悉其操作流程和操作规程。二要提升思政课教师 VR 虚拟现实软件运用能力。VR 虚拟现实软件主要包括 VR 课程主题展示软件、VR 课程自主参与软件、VR 课程情景再现软件及 VR 课程互动教学软件等。思政课教师要选择具有时代性、典型性和针对性的教学内容，借助各类 VR 虚拟现实软件对学生进行知识传授和价值引领。同时，要对不同软件的应用效果进行监测，评估教学效果，及时根据教学反馈对软件进行升级，对内容进行完善。

（六）创设思政课实践教学 VR 场域

思政课实践教学 VR 场域是支撑思政课 VR 实践教学的空间基础，是影响思政课VR实践教学效能的重要因素。

创设思政课实践教学VR场域，要聚焦以下三方面。一是构建VR党史馆。VR党史馆可汇聚建党百年来的重大事件、重要会议、重要文件、重要人物等学习内容，让这些内容"可视化""移动化"。学生在VR党史馆中不仅能够"零距离"聆听党的领导人发表重要讲话，还能"身临其境"见证党领导人民进行革命、建设与改革的伟大历程，在"亲身体验"中更好地做到"学史明理、学史增信、学史崇德、学史力行"。二是搭建VR实验室。VR实验室主要涉及VR实训系统、VR教学资源库等。VR实训系统主要包括基础知识、基本操作、知识拓展、仿真实训及实训自测题五大模块；VR教学资源库既包含中国古代社会场景模拟、近代革命时期，以及中华人民共和国成立以来特别是改革开放四十多年以来的成就回顾，还可模拟西方资本主义经济、政治和文化的演变过程。学生能在VR实验室中拓展知识面、完善知识结构，提升自身理论水平和实践能力。三是发挥"红色影院"的积极效应。通过播放红色影片、红色歌曲、红色舞蹈视频，还原和重塑历史场景，一方面能使学生更好地传承红色基因、赓续红色血脉，坚定理想信念、厚植家国情怀；另一方面能强化学生对历史的整体记忆，使其增强历史自觉、担当历史责任、做时代新人。

（七）建立思政课VR实践教学监测机制

国家的昌盛繁荣、社会问题的解决皆需要制度建设，教育问题也是如此，如果没有制度约束与衡量，教育将像脱缰的野马与黑夜行人，要不无拘无束，要不无所适从，其结果势必意与愿违。思政课VR实践教学能否取得实效性教学效果是诸多人质疑VR技术服务于思政课教学的主要因素。实效性监测机制的建立，有助于及时反馈学生掌握知识的情况，以此作为衡量思政课VR实践教学实效性的主要依据。然而，实效性检测机制的缺乏，势必造成高校思政课教学实效性反应不及时或无法评估等现状。目前，思政课VR实践教学过程中，教师在VR设备监护过程中还没有配套成熟的辅助技术对学生学习过程进行有效客观评价，进而很难保证学生学习的质量。对于建构高校思政课VR实践教学模式，我们预期达到一个什么样的效果，学生在课堂教学过程中收获怎样，如何对于学生进行客观地评价，检测机制的建立指标如何，在衡量学生学习成效过程中应该注意哪些问题，如何避免其产生……这些问题的回答与解决都需要构建系统、科学的评价体系。因此，高校思政课教学工作的开展，要注意制定合情合理的实效性检测机制，并且时时检测，不能偏废。同时，如前所述，VR技术嵌入高校思政课实践教学要把控一个"度"的问题，技术永远服务于教学，这个原则不能变。VR技术嵌入高校思政课实践教学过多，则难以凸显双主体的作用，且容易形成"机灌"效应，难以达到教师教书育人的作用，导致忽视学生创新性与能力培养，摒弃"以人为中心"教学理念；嵌入不够，则难以发挥VR技术固有优势，使思政课程设计缺乏新意，难以迎合学生求新创异的心理。高校思政课的建设不仅需要监测机制实时检测，而且需要合理把控技术"度"的运用，二者应被同时注重。

（八）健全思政课VR实践教学保障机制

思政课VR实践教学目标的实现、运行效率的提升，有赖于系统完备的保障机制，只有健全保障机制，才能推动思政课实践教学与VR技术融合的制度化、常态化。为此，一要加强组织领导。思政课VR实践教学是一项系统工程，必须加强组织领导，形成运转高效、协调联动的组织领导体系，构建大思政课VR实践教学格局。学校要加强对思政课VR实践教学的领导，做好顶层设计，推动宣传部、教务处、学生处、校团委等职能部门与马克思主义学院的协调配合，压紧、压实各部门职责，使之协同发力、同向而行，确保在推动思政课VR实践教学上做到思想统一、步调一致。马克思主义学院要承担推动思政课VR实践教学的主体责任，安排专门领导抓好统筹、协调和落实工作，确保教学各环节有序有效进行。二要精化细化评估制度。要根据不同的思政课程实践教学内容及主题，制订个性化的评估方案，切忌评估体系"一刀切"。科学评价思政课VR实践教学，要做到"四个结合"，即定性评价与定量评价相结合、知识评价与价值评价相结合、结果评价与过程评价相结合、当下评价与未来评价相结合。只有评估制度科学合理，才能实现以评估引导推动实践教学发展的目标。三要完善激励制度。完善激励制度是实现思政课VR实践教学常态化的关键。要将思政课VR实践教学取得的教学科研成果纳入思政课教师职称评定、晋级晋升、评奖评优、年终考核的范围，对在推动思政课VR实践教学中表现突出的教师给予物质和精神奖励，不断增强思政课教师开展VR实践教学的自觉。

第三节　基于翻转课堂的高校思想政治理论课实践教学创新

一、翻转课堂的概念

翻转课堂，也叫作颠倒课堂。所谓颠倒课堂，是与传统课堂教学模式对比来看，恰好将传统课堂教学模式中"白天课堂讲授知识，晚上回家完成作业"这一顺序颠倒过来。从其实施过程来说，实施翻转课堂的教学模式之后，课上传授知识变成课下接受知识传授，课下完成知识内化变成课上进行知识内化，这绝非一个简单的转变。需要注意的是，一方面，学生通过课下观看教师录制的视频接受知识传授时，必须达到甚至超越以往课上知识传授的效果，真正深入地学习并一定程度上理解课程内容，而不是简单地进行课前预习，而能否取得这样的效果，教师录制的视频质量起到十分关键的作用；另一方面，课堂上学生通过做作业、讨论交流等方式完成知识内化一定也离不开教师的指导。翻转课堂从真正意义上改变了传统教学模式中"满堂灌""一言堂""说教式"的课堂教学风格，向着"互动不息、交流不止"的生动有趣、其乐融融的课堂风格迈进。

翻转课堂调整了传统课堂的学习顺序，让同学们在课前通过观看视频、查找资料等方式自行学习，待回归讲堂后老师与同学们交流探讨、互助学习，促进了内化知识的效率。这种授课方式的实施，需要有较好的信息环境作为支撑，有传播教学资源的平台为依托，保证同学们的自学与发展个性化的有效进行。这二者不是简单的学习顺序的变化，而是从内部优化了学习结构。

二、翻转课堂的特征

（一）先学再教的教学过程

翻转课堂的授课顺序与传统课堂不同。传统的授课顺序是在课堂中教师先讲，学生只需要听课、记笔记，课后梳理本节课的知识点并完成教师留下的作业，从而巩固学习的内容，是一种先教再学的教学过程。此种授课顺序导致师生之间交流不足，只是一种单向的教与学的活动，老师的讲授是单一的，与学生交流"教"的过程存在欠缺；学生的学习同样也是单一的，与教师互动沟通的"学"的过程也没有得到很好的完善，同学们往往会将理解不了的知识搁置起来，学习过程中的积极性与主动性也十分有限。

翻转课堂将以往的授课方式倒置过来，主要分为两部分：课前进行知识的学习与课堂中将知识进行内化，是先学再教的教学过程。在课前知识学习中，老师将微课的视频传递给同学们，由同学们自主进行学习并将不理解的问题记下来。在课堂内化知识时，教师带领同学们回忆所学内容，组织同学们共同讨论在自学时存在的疑惑，由教师总结并解答同学们提出的问题，如图5-2所示。

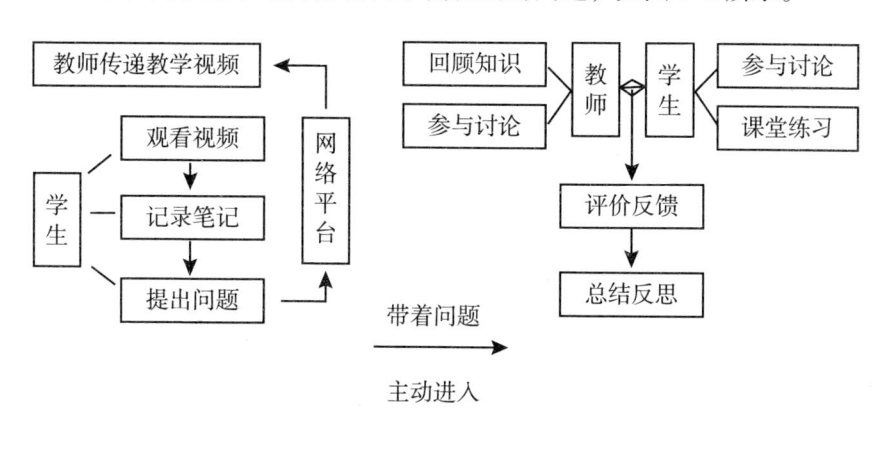

图5-2　翻转课堂教学过程图

这种授课方式"翻转"了教学过程，实现了知识的内化，使同学们的学习兴趣得到了充分的提升。因同学们自主学习授课内容，对于没听懂的内容可以重复播放微课视频，有效地缩小了学生之间的差距。

（二）微课展示的教学内容

微课是翻转课堂中必要的授课媒介，教师根据授课计划、授课内容等对所教知识进行整理，并做成微课上传给同学们观看。微课的录制应该结合实际，充分联系同学们的理解能力和心理特征，录制时间不宜过长，一般时长掌握在8分钟左右为最佳，最多不要超过15分钟，讲授的知识力求简洁、生动。与传统的网络课堂相比，微课的主要特点是面向知识点，以知识点的分析、讲解为主要内容，课程录制只针对黑板，教师不出现在视频中，使学生的注意力能最大限度地集中于课程内容，学习的效率也会有所提高。

（三）小组合作的学习方法

翻转课堂在课上采用此种方法，学生通过课前微课的学习，将不懂的问题留在课上与师生合作探讨解答。这种授课方式受到大多数学生的喜爱与支持，学生也从被动听讲的地位转变为课堂上的主人，能够更好地吸收学习的内容。

（四）适时转变的家校角色

为保证翻转课堂授课方式的顺利开展，需要适时对学生、教师乃至家长的角色进行转变，三种角色的转变有利于这种授课方式的有效实施，保证微课的高效利用。在这种授课方式下，老师从以往的知识灌输人变为辅助同学学习的人、设计微课的人，学生开始自主地探讨知识，家长也要配合学校，改变传统的"学校负责学生学习"的观念。

三、翻转课堂的理论基础

翻转课堂是教育产业在信息化时代的产物，虽然取得了明显的成效，但是仍然有很多学者对这一教学模式的可行性和有效性持怀疑态度，从科学、严谨的角度而言，最近发展区理论、建构主义理论和掌握学习理论等都能很好地证明翻转课堂在理论上是站得住脚的。

（一）掌握学习理论

美国著名教育家、心理学家本杰明·布鲁姆（Benjamin Bloom）率先提出了掌握学习理论。布鲁姆认为，当教学方法得当、教学时间充足时，大部分的学生都能很好地掌握老师讲授的内容，唯一的区别是所需花费的时间。学习能力强的学生需要的时间短，而学习能力较差的学生则需要更长的时间来消化所学知识。

翻转课堂教学模式整个教学过程的时间比较充足，学生能够有效掌握相关知识，教师通过针对性的指导可以帮助学生排忧解惑。除此之外，由于该模式具有明显的个性化和信息化特征，能够更好地将"在适当的地方和实践给学生适当的帮助和指导"原则应用于教学实践。

（二）建构主义学习理论

瑞士心理学家让·皮亚杰（Jean Piaget）率先提出了建构主义学说，在他看来，一个人在学习的过程中，通常会基于认知来建立相应的知识结构。这一理论非常注重学生的主体作用，要求学生扮演知识主动构建者和信息加工主体的角色，且要求教师从知识灌输者和传授者转变为协助和促进学生构建的人员。

学生是翻转课堂教学的核心，应通过教师营造一个良好的学习环境，引导学生积极思考、主动探索、发现知识，以完成对知识积极且主动的建构。

（三）最近发展区理论

利维·维果茨基（Lev Vygotsky）是最近发展区理论的提出者，根据该理论的相关内容，如果我们将一个学生的发展比喻为一条直线，在整个发展过程中，学生的最大发展潜能线和实际发展线是处于动态变化的，学生在独立活动及成人辅助的条件下所围合成的能力直线区域就是最近发展区。

在开展翻转课堂教学的过程中，学生带着问题与教师进行讨论，最终解决问题，提高实践能力，这使学生从当前的发展水平达到可能的、更高的发展水平成为可能。

四、翻转课堂应用于高校思政课的可行性

（一）满足了学生个性化学习的需要

随着互联网的普及和发展，当代大学生已经适应了互联网信息碎片化的节奏。翻转课堂这一新型教学模式顺应着新课改的步伐应时而生，它借助微视频、微课等多种网络学习资源，做到了让学生能够根据自己的兴趣爱好，足不出户学习一些优质课程，满足了新时代大学生个性化学习的需要。

传统的课堂教学中，时间被认为是一个常量。在教学时间固定、学生个体间存在差异的前提下，为了按照预定计划完成教学任务，教师不可能在课堂上给不同的学生留有不同的知识讲授和内化时间，这就直接导致了部分学生掉队。而翻转课堂在一定程度上减少了这种情况发生的频率，翻转课堂让学生课前自主学习教师提供的网络资源，并在课堂上提出自己的疑惑之处，通过教师的讲解与课堂的练习，学生可以真正掌握知识，也能提高学习积极性。此外，翻转课堂应用实施过程中，其中一个环节便是学生在课堂上提出问题，这有利于在课堂教学活动中实现生生间、师生间的良性互动，也有利于个性化的一对一指导。这些都在不同程度上满足了学生的个性化需要。

（二）符合视觉驻留规律和视听同步规律

翻转课堂是通过教师提供的学习资源让学生进行提前学习，这些学习资源通常以视频形式呈现给学生，时长在10分钟内，短小精悍。个体在观看短视频过程中，注意力较为集中的时间段为前八分钟左右，此后注意力开始逐渐分散。对于那些

冗长的视频，大部分学生在开始的几分钟内能够集中精力，结合视频内容，能够把导学案和教师在播放视频前提出的前几个问题回答出来，其余的问题由于注意力的分散变得较为困难。而在翻转课堂对微视频的应用过程中，通过对视觉停留规律的把握，把视频控制在了10分钟内，较大地提升了思政课课堂的有效性。此外，翻转课堂中应用的大部分微视频中并未出现资源录制人的身影，呈现给学生的页面是板书，减少了页面的切换产生的眩晕感。在教师循序渐进、深入浅出的讲解中，学生能够做到视听结合，在看视频的过程中能够及时记下重点内容，使课前学习达到预期效果。因此，翻转课堂符合视觉驻留规律和视听同步规律。

（三）翻转课堂自身较突出的优势

传统的教学模式下，教师是整个课堂教学环节中的主体，循环往复地进行着知识的输出，学生只是知识的"接收器"，学生的自主学习能力受限，创新能力和思维方式更是得不到有效提升。同时，成绩被作为主要的评价依据，对于那些成绩不太理想的学生来说，过于"一刀切"。而翻转课堂作为一种新生的教学模式，在改变传统课堂教学模式的基础上，以微课等短视频为载体，坚持"以学生为本"的核心立场，以实现三维目标为根本目的，增强了学生的学习主动性，更好地发挥了教师的监督和引导作用，提升了课堂教学效果，推动了教学模式的创新和评价方式的创新。

（四）信息技术的发展为其提供可能

随着现代社会的高度发展，信息技术带来了教育上的革命，信息技术与教育教学的高度融合，为我们实施翻转课堂教学模式提供了可能。利用教学媒体技术推进教育教学模式的变革，是时代所需，也是应对教育信息化发展的必然结果。现代信息技术运用于教育，不仅改变了教师教的方式，也对传统教学提出了新的挑战。

信息化大数据时代，学生的知识获取渠道多样化、学习资源多元化、信息接收面也在不断扩大，口耳相传、面对面讲授已经成为过去时。一方面大学生网络、手机的普及，使学生可以借助网络平台搜索自己想要了解的信息，学生能够接触到社会生活热点等的实时更新，教师不再是知识信息唯一的传递者，知识权威被打破；另一方面，随着智能手机的广泛使用，思政课教师正与智能手机进行着一场争夺学生的"战争"，高校思政课教学面临着学生上课学习动力不足、学习兴趣不浓、学习效率不高的挑战。如何在有限的时间内实现教学效果最优化，如何解决思政课由于教材编排而产生的相对滞后性，这些都要求教师充分利用教学媒体资源。信息技术和大数据网络的发达可以满足学生观看微课视频、资料搜索及交流反馈的需求。翻转课堂教学依靠信息技术帮助学生提高知识内化程度，符合师生高效学习的需要。

国内外形势的新发展、新变化，既给高校思想政治理论课教育教学改革带来了新的挑战，更给思想政治理论课教育教学改革带来新的机遇。高校思想政治理论课教育教学改革只有不断适应社会生活的实际和当代大学生的实践，才能达到高校思想政治理论课教育教学的目的，提高教育教学效果。

五、翻转课堂应用于高校思政课的必要性

（一）突出学生主体地位，激起学习热情

学习思政课是开展德育工作的基本途径之一，是其他学科无法比拟的。但思政课的讲授方式、教学评价过于单一，让师生忽视了德育工作的重要性，认为思政课只需要"死记硬背"知识点就可以了。因此，同学们降低了对其学习的兴趣，动力明显不足。

将翻转课堂引入思政课中，顺应了新课改的要求，改变了传统课堂中的教学顺序与师生关系。老师作为同学们积极、主动学习的引导人，辅助同学们学习知识，使同学们在学习里处于主体地位，改变了以往老师教、同学们被动学习的局面，使同学们的求知热情得到增强，学习效果也会更好。

（二）培育学生自学和与他人合作的能力

在以往的思政课堂里，老师的授课方式普遍以讲课为主、同学们是被动听课的状态，导致自主学习和与他人合作的能力较弱。

翻转课堂的授课方式要求同学们在上课之前自主播放视频进行学习，把没有弄懂得难题写下来，在上课时通过师生的合作讨论，解决遗留的问题。这种授课方式有利于培育同学们自学和与他人合作的能力，使其能够多方面发展。

（三）加深与扩展知识，提高学习效率

以往的思政教学，老师在上课时候讲解知识并留下作业供学生们巩固所学内容，但学生在进行课后作业写作时，基础好、自觉性高的同学，能够相对顺利地完成课后作业；基础相对薄弱、自觉性较差的学生，由于没有教师的指导和同学的共同探讨，学习效率较低，课后作业的完成情况并不理想，不能将知识进行内化，久而久之便失去了学习的兴趣，影响了下一阶段的学习。

翻转课堂中，学生可以将没有看懂的问题带入课堂中，与师生共同交流，教师将对知识的检测提前到课堂内完成，挖掘同学们在自学中碰到的困难并帮助解决，让同学们在课堂中将知识吸收，使其不仅提升了学习的效率，成绩也会有所提高。

（四）达到教学的最优化

以往老师上课只可做到一种大多数同学可以接受的水平，对于学习好的同学来说，这种进度不利于挖掘其潜力，降低了学习的进度；对于理解慢的同学来说，可能有跟不上进度的情况。由于讲课时以老师为主导，学生缺乏与老师的交流，老师根据教材和新课标讲解内容，很难发现自身的知识疏漏与案例过老等问题，对老师个人的发展、教学的进步有着严重的阻碍作用。

反观翻转课堂的授课方式，思政教师可以将讲授内容上传到教学平台上，让同学们自行观看，不但解决了学生水平不同、学习效率不一的难题，实现因材施教，学生也可以进一步与教师沟通，而教师在与同学交流时自身水平也得到了提升，实现了教学相长。

（五）打破时空限制，共享优质教学资源

传统思政课课堂中，学生学习知识只能在班级中进行，由思政课教师统一进行讲解。由于是班级授课制，学生学习思政内容的时间与位置只能固定在教室中，受时空的影响较大。学生接受思政内容只能由本班教师讲解，导致有部分同学因不习惯此位思政教师的讲课风格，学习兴趣减少、学习效率不高。

在翻转课堂里，学生在学习思政内容时，可以根据自己的时间选择想要学习的地方，打破了时空的限制。如果部分同学不习惯班级思政教师的讲课风格，可以在教学平台中选取其他讲课风格的教师学习，充分共享了优质的教学资源。

六、翻转课堂应用于高校思政课的原则

（一）分层推进原则

应用翻转课堂这一教学模式之前，须充分考虑到高校的实际，遵循分层推进的原则。受学校具体教学情况的影响，当前高校思想政治理论课主要是以传统教学模式为主，因而翻转课堂的应用显得较为匮乏。高校的具体教学情况包括学校的资金支持力度、教师的专业化程度、学生的自主学习能力强度等。因此，高校应当在这些具体情况的基础上用分层推进的方法，逐渐在学校推广使用翻转课堂

的教学模式。

（二）本土化原则

在高校思想政治课中实施翻转课堂这一教学模式，须利用区域优势，遵循本土化原则。例如延安作为一个红色革命圣地，具有浓厚的文化特色，延安周边的高校就要充分利用好这一优势，加大对本土化的研究工作。特别是教师给学生提供的学习资源，要充分挖掘地方文化特色和资源，提高本地教师综合能力，让学生在自主学习的期间能够更好地理解视频内容，更深刻地学习预定的知识。

（三）灵活性原则

在翻转课堂的实施中有一个重要环节，那就是合作探究讨论，而由于学生学习基础、理解能力等方面的差异，讨论过程中会有一些学生提出各种奇怪的问题和疑问，甚至会有一些突发事件发生，若是处置不当，必会影响教学进度。这种情况下，就需要教师灵活应变、临变不慌，善于抓住教学契机，灵活把握课堂情况，进行有力的课堂教学。这既可以激发学生的学习兴趣和课堂积极性，又可以体现教师的教学智慧和能力。

（四）激励性原则

"希望拥有重要性"，这是人的本质中最深的驱动力。对于学生来说，这种重要性主要来自教师的鼓励和肯定。在翻转课堂的教学过程中，教师应当善于鼓励学生，对于学生的进步和积极表现要予以鼓励和表扬，课上、课后要多观察学生，用发展的眼光综合看待学生。但是鼓励也要适度，教师要全面地评价学生，否则会助长学生的骄傲情绪。

七、翻转课堂应用于高校思政课存在的问题

（一）高校重视程度不够

当前，翻转课堂教学在高校思政课中的推广力度不大，大部分教师对翻转课堂只有一个简单了解，详细的环节和流程只有小部分教师完全了解、清楚，还有一部分教师对该教学模式持观望或者冷漠的态度。此外思政课中该模式的应用效果评价不乐观，翻转课堂的应用涉及学校硬件设施、教师的信息技术能力、学生的自觉程度等因素，其中任何一个环节出错都会影响到整个教学效果，特别是教师录制视频花费时间较多，也存在课中环节形式化、学习效果难以得到保证等问题，

给师生留下了翻转课堂不实用的印象。

（二）学习资料质量有待提高

1. 翻转目标不明确，容易偏离教材

设定翻转目标是翻转课堂成功实施的先决条件。设定合理的翻转目标就必须紧扣教材，在达成情感态度价值观目标的同时，完成知识的积累及能力的培养。一节课的知识点，哪些是浅层知识需要在课前学习，哪些是深层知识需要在课上进行讨论继而深化理解，这都需要教师对教材进行解构。但一些教师在实施翻转课堂时未能深入分析教材，造成翻转目标不明确，偏离教材。学生在学习后，课前对浅层知识掌握不到位，一知半解地进入课堂环节，导致情感价值观目标也难以顺利达成。

2. 微视频内容和形式上不能吸引人

翻转课堂里，微课是学生进行自主学习的重要资源。首先，相当多的教师对微课认识仅仅停留在微课短小的"外表"上而非"内在"。有的教师开发的微课是从整节课中截取了一段，前后没有衔接，学生找不到重点；有的则是讲座型的知识讲解，枯燥乏味，学生没有兴趣观看，失去了微课本身的意义；有的甚至把45分钟的课程压缩成10分钟，知识点全部罗列，但太过密集，学生无暇思考，只能被动接受，学习效果差。这些情况会让学生困惑，不知道通过微课要学会什么。还有一些微课在制作时追求"大而全"，导致微课时间太长。微课过长会导致学生感觉正在上课，注意力容易涣散，脑子不转，进入传统课堂被动接受知识的行为模式，带着问题、带着思考学习的模式就会被打破，反而增加了学生的负担，得不偿失。

3. 课前任务清单指令模糊

首先，任务清单就是要告诉学生按照什么样的步骤学习，学习什么样的内容，怎样学习，如何反馈学习问题，这样学生按照指令完成任务，则顺序清晰、目标明确。任务清单还有一个作用就是从侧面提示学生教师在课上不会全部讲解相关知识点，如果不能按时完成任务，则很难进行下一步的学习，从而敦促学生主动投入自主学习，完成学习任务。一些任务清单的设计太过笼统，没有提示学生在课前学习中需要干什么，需要重点关注哪些知识点，以及明确学生需要提前思考哪些问题等。

其次，任务清单在重难点提示上表现不足。学生课前学习主要针对的是知识点的记忆和理解，告知学生重难点可以让学生在自学的时候更有针对性，对难点

进行学习时就会形成比较深的印象，即便是理解不深，也会对课堂上的学习非常有益。一些任务清单在设计时，对自主阅读教材内容粗略地给出指示，没有给出明确的重难点，导致学生在自学时针对性不强、走马观花，学习效果不明显。

（三）教师信息素养缺乏

由于不同地区的高校存在教学设备、师资队伍的差距，导致教师的信息素养有所差别。经济水平相对较高的地区，学校的教学设备、教师的信息化水平相对较高；但在经济水平相对落后的地区，学校的教学设备相对匮乏，也缺乏对老师信息化素养的培养，加之其自身的情况，使老师严重缺乏此方面的素养。在经济水平与信息化快速发展的今天，学校也应与时代接轨，加大对教师信息素质的培养力度。

（四）学生学习自主性不足

在翻转课堂中，每一位学生都得独立完成课前自学，对新知识自行识记和理解。到了课堂上，则是由教师通过有效的教学让学生达到对新知识的理解。所以，学生完成课前自学的效果直接影响课堂教学的成果。学生自主学习主动性的高低成为能否达成教学目标的关键。但是在完成课前自主学习任务上，总会有个别同学以各式各样的借口来逃避，特别是在刚开始实行翻转课堂时，存在很多类似问题。

（五）课前获取学情不到位

课前获取学情不到位成为翻转课堂成功实践的软肋。在翻转课堂里，教师需要充分了解学生进行课前作业的情况，之后再安排课堂教学，但是很多时候这一步获取的学情并不完善。例如教师从小组长手里收到课前学习任务反馈、查看习题练习的正确率，以及学生反馈的问题等，这些信息并不是一手信息，习题答案可能是抄的，问题可能是组长想的，组员并没有参与，致使在课上教学时教师不能完全了解学生需要讲解的知识点，单纯从学生提问的角度进行交流和授课，造成一些学生存在知识盲点。

（六）教学设计缺乏趣味性

在传统的思政课堂上，由于知识内容较多，课堂时间十分有限，所以教师通常无法开展探究活动。在开展翻转课堂教学时，教师应当尽量设置多元、丰富的课堂探究活动，形式不拘泥于问答，可以是情景再现、组织学生进行小品等，设计一些富有吸引力且贴近学生日常生活的活动方案。在实践教学过程中，由于传统思维的影响，导致大部分思政老师没有制订完善的探究活动方案，导致翻转课堂教学对学生吸引力不足。

（七）缺乏对学生学习的有效记录

翻转课堂的理想状态应该是学生在专门的学习平台上观看微视频，这个平台具有大数据收集和分析功能。例如平台可以记录学生的观看历史、统计学习时间、记录学生在各个知识点的停顿情况等，还能观察习题的正确率等。简单来讲，就是可以对学生的学习行为进行记录和分析，帮助老师及时了解学生的学习情况，进而发现其中所存在的一些问题。但是就我国目前翻转课堂教学模式的运用情况而言，高校很难建立类似的数据平台，也就难以有效监控学生的自主学习行为。

八、翻转课堂应用于高校思政课的策略

（一）提升学生个人综合素养

1. 培养学生的自主学习能力

实现翻转课堂的有效实施，学生的课前自主学习效率是重要保障。然而就目前来看，许多学生自主学习能力不足，自主学习的方法极度缺乏。

因此，教师首先应该教会学生如何自主学习。新时代学习观更加注重学生的能力发展。学生只有在掌握了科学的学习方法后，才能进行高效的自主学习。结合自己的学习实际情况提出自己的问题，更有助于学生把握学习的主动权，确保学生的主体地位。可以说，培养学生自主学习能力，也是为了培养学生自主发现问题和独立思考最终解决问题的能力。教师在提供课前学习资源时，可以在前一阶段详细设置相关问题，交代清楚本节课的重难点，环环相扣，直观地让学生看到需要学什么，让学生形成一种问题思考意识，培养学生的逻辑思考能力。经过一段时间取得初步成效后，教师就可以在学习资源中不再详细设置相关问题，转而让学生根据经验自主学习。同时，要鼓励学生多思考、大胆质疑、敢于提出新问题，这是传统的课堂教学中常被忽视的。在学生提出质疑后，教师指导学生自主查阅资料或通过小组讨论自主解决，培养学生提出问题、解决问题的能力。

2. 培养学生合作和团队意识

为了保证翻转课堂的有效实施，学生的合作意识和团队意识是重要条件之一。合作学习中要求学生具备良好的沟通和表达能力，在传统的课堂教学中，教师忽略了对学生合作意识的培养，更多地把重心放在了学生的个人发展上，为了缓解这一现象，教师需要打破以往的教学模式，在课堂上让学生有更多机会参与到合

作探究活动中。小组内要让成员分工合作、职责分明,小组代表采取轮换制,切实让每个学生都有展示自己的机会,以此锻炼他们的表达能力和合作意识。教师应制定一定的竞争机制,通过竞争与合作,奖励表现好的小组,让每个学生都能为了团队荣誉而努力,增强团队意识和幸福感,在思政课中贯彻实现创新精神。

3. 加强自我监督和自我管理

为了保证翻转课堂的有效实施,学生的自我监督和自我管理也是重要条件之一。学生阶段,最理想的学习状态是学生在没有人监管的情况下主动学习。整个翻转课堂的流程中,不论是学生的课前自主学习阶段,还是课堂中的合作学习探究环节,都需要学生有较强的自我监督和自我管理意识。教师需要让学生明白自我监督和管理的重要性,自我监督是个人良好品质的体现,是自律能力的内在表现。自我监督、自我管理程度和学生学习效果是正相关的,学生在课前自主学习时如果做到有效的自我管理和自我监督,不但能够高效学习,而且能够推进课堂高效运转。

(二)提高教学视频实效

1. 精选教学资源

思政课知识点比较抽象,要靠学生通过自己的理解来深入学习,教师起到引导和辅助作用。教材中的有些章节的教学内容偏理论性,需要教师进行精细的课堂理论讲解才能更好地让学生理解;而有些内容则运用形象化的视频资料才能更能让知识直观呈现。因而翻转课堂教学模式虽有其独特优势,并不是每一章、每一节、每一课都适用于翻转课堂,它难以应对所有的教学内容。将导学任务单和微视频始终贯穿于整个课程或者是应用于每堂课中,反而会无形中增加学生的学业负担,教学效果将会适得其反。

制作与选取高质量视频资源是翻转课堂教学的挑战。选择课前的学习视频时应依据课程教学目标。教师在选取课前学习的视频资料时,要围绕教学目标,结合学生实际深耕教材理论,灵活选择教学重难点,精心编排视频内容以激发学生兴趣和吸引其注意力。思政课翻转课堂教学内容的选择应基于教材内容、结合社会生活热点、围绕学生兴趣点、贴近大学生实际生活。教师应从当前生活中的热点出发,与教材中相关知识联系起来,将思政课教学融入大学生日常生活中。对于不太适合运用翻转课堂教学的内容,可以采用传统教学方式或者其他方式进行教学,灵活处理。课时的选择上,我们建议每一章内容应用 1~2 次翻转课堂教学模式，总计不超过总课时的 1/2。

2. 采用多种方法获取或制作微视频

对于刚开始实施翻转课堂的学校和教师，可以借鉴网络上优质的微课，后期编辑过后进行教学。另外，更加贴近学生的方式就是由教师自己录制。教师自己写脚本，这样录制出的微视频可以拉近师生距离，因为教师对于学生来说更有亲切感。

此外，如果学校组建了教师团队，教师团队合力制作更能适应当前思政课的现实情况，因为按照团队分工进行可以减少思政课教师的精力损耗，保证教学视频的质量，且可以在下一个年级进行翻转课堂时共享使用，用不着再重新制作，在必要的情况下，变化一下内容中的案例即可。

3. 不要因"微"失"全"

麻雀虽小五脏俱全，微课虽"微"，过程简单，但也要结构完整。教师在微课制作过程中要体现微课的完整性与结构性，10 分钟内要将自己要讲的知识点和需要学生自学的点，以及相关的问题杂糅进去，让微视频小而精，有分量。

4. 微视频要有趣味性

教学视频是否有趣是能否吸引学生进入自学任务的关键点。视频中引用的教学案例要足够吸引人，体现社会热点和学生关注点，提出的问题也应该是开放性问题，而非封闭式问题，可以引发学生思考；教师在制作微视频时，画面应灵活多变一些，如插入动画、flash 等，而且教师的语速、语调、节奏等对于学生的吸引力也很重要，教师语言要富有感染力；教师还可以在微视频中插入一些轻音乐作为背景音乐，让学生在学习时心情更加放松。

（三）教师要实现专业化发展

1. 转变教学理念，实现翻转课堂的角色转换

中国教育正朝着中国特色社会主义教育现代化目标迈进，作为新时代教育者，教师应该从传统的教学观念中解放出来，这种解放不仅体现在思想上的解放，更重要的是改变课堂教学模式，跳出传统教学模式的局限。所谓的转变教学理念主要是关注学生发展、关注教学方式的转变、关注师生关系。一是关注学生发展。大学生思维活跃，乐于接受新鲜事物。教师对学生的关注，对学生来说是一种动力，能激发他们学习思政课的积极性。二是关注教学方式的转变。教学方法涉及双主体，一方面，教师需要不断填充知识储备库，接受新式教学法，转变教育理念，

这样才能在课堂中游刃有余地应对学生提出的问题，把握课堂节奏；另一方面，教学方式的转变，也需要学生的积极配合，翻转课堂的实施中，学生的主动会让教学效果事半功倍。三是关注师生关系。不论哪种教学模式，都离不开教师的"教"和学生的"学"，翻转课堂亦是。良好的师生关系可以让学生有更大的兴趣去学习，而倘若师生关系处理得不好，课堂氛围生硬，学生对教师的授课采取抗拒或者漠视的态度，教师的讲课热情也会逐渐消退，这对于翻转课堂的实施来说是极为不利的。因此，教师要和学生构建良好的师生关系。

2. 注重教学细节，保证翻转课堂流程的完整性

细节决定成败。翻转课堂在思想政治理论课中的应用主要分为三个环节，即课前自主学习、课中合作学习、课后评价反馈。这三个环节，哪个出了差错都将影响到翻转课堂的应用和课堂教学效果。在课前自主学习环节中，教师要做到充分了解学情，给学生提供的学习资源必须要适合学生，要切实考虑到学生的学习时间、理解能力，要制定明确的导学案，让学生对于学什么、怎么学有明确认识。此外，对于那些学习有困难的学生，教师可以利用线上帮扶、重新拟出学习任务清单等形式给予帮助。在课中合作学习的环节中，可以让学生在课堂上展示学习成果，甚至可以加入一定量的随堂练习，这样教师可以大致了解学生的自学情况，同时对于出现问题较多的部分予以及时讲解，使学生进一步巩固理解知识，帮助学生更好地完成知识迁移和内化。最后，在课后评价反馈环节，教师要引导学生进行自我反思，总结高效的学习方法促进知识内化，进而生成新知。

3. 注重整体把控，提高课堂探究的实效性

课堂探究中，学生浑水摸鱼，搭上小组合作探究的"便车"；成果展示时，学生临场发挥，借用他人思考成果；教师对学生探究的放任式管理，导致探讨流于形式、流程化应付；等等。上述问题应被特别注意。课堂探究是学生内化知识、自主学习过程的重要环节，提高课堂探究活动的实效性要从提高教师对课堂整体的把控能力着手。

提高课堂探究实效性要求教师要具备对学生观点的提炼和概括能力，对整个课堂的掌控能力，即对学生在课堂探究的话题要提前做好充足的资料准备、对学生探究中可能遇到的问题及解决措施进行提前预判的能力、有效沟通的能力、稳定课堂的驾驭能力，鼓励引导学生主动探究、愿意探究，自觉融入，让课堂更加有激情、更加引人入胜。因此教师不仅具有扎实的学识基础，而且也需要对学生给予温情的关怀和鼓励，在教学中多关注学生、鼓励学生。教师还要通过课前充

分地准备、观摩学习、亲身经验总结、不断学习积累经验。

4. 转变评价方式，提升翻转课堂的运行高效性

成绩只是判定学生对知识的记忆和理解程度的一个参考，并不能体现出学生的创造力、实践能力。教师要重视对学生综合能力的评价，树立多元化的评价标准，并将其应用到翻转课堂的教学评价中。降低分数在评价学生学业表现中的比重，更多地关注学生的学习进展表现、学习实践表现及学习成果的呈现方式等，真实地反映学生的学习效果。

参 考 文 献

[1] 杨喜冬. 新时代高校思想政治理论课实效性研究 [J]. 中共郑州市委党校学报，2022（1）：103-105.

[2] 任俊圣. 高校思想政治教育的发展路径 [J]. 湖北开放职业学院学报，2022，35（3）：69-71.

[3] 李巧玉. 高校思想政治理论课网络教学问题及对策研究 [J]. 安徽电子信息职业技术学院学报，2021，20（6）：77-80.

[4] 秦睿杰. 新时代高校思想政治理论课守正创新论析 [J]. 决策探索（中），2021（12）：62-63.

[5] 李红霞. 新时代高校思想政治理论课实践教学模式研究 [J]. 品位·经典，2021（23）：90-92.

[6] 陈妍. 对新时代高校思想政治教育整合的思考 [J]. 学校党建与思想教育，2021（23）：88-90.

[7] 彭栋梁，刘灵. 大数据时代高校思想政治理论课融合创新研究与应用 [J]. 食品研究与开发，2021，42（21）：240.

[8] 杨雅婷. 新时代高校思想政治教育问题及对策研究 [J]. 产业与科技论坛，2021，20（20）：87-88.

[9] 于影，赵冉. 高校思想政治理论课实践教学的探究 [J]. 现代交际，2021（12）：34-36.

[10] 罗璇. 高校思想政治理论课课内实践教学研究 [J]. 大学，2021（24）：146-148.

[11] 刘惠玲，贾伟杰. 新时代高校思想政治理论课实践教学探究 [J]. 中学政治教学参考，2021（16）：102.

[12] 潘乐萌，聂启元. 高校思想政治理论课教师队伍建设：现状、困境与对策 [J].

滁州学院学报，2021，23（1）：106-110.

[13] 高新莉，刘芳. 新时代高校思想政治工作人才队伍建设的几个着力点 [J]. 思想理论教育导刊，2020（10）：152-155.

[14] 郑璐. "互联网+"背景下翻转课堂在高校思想政治理论课中的应用 [J]. 法制与社会，2020（4）：208-209.

[15] 盛星. 新时代高校思想政治理论课教师队伍建设研究 [J]. 重庆电子工程职业学院学报，2019，28（5）：80-83.

[16] 周利生，向巧玲. 高校思想政治理论课教师队伍教学能力建设研究 [M]. 南昌：江西高校出版社，2019.

[17] 王燕红. 新时代高校思想政治教育教师新征程研究 [J]. 湖北经济学院学报（人文社会科学版），2019，16（1）：123-125.

[18] 陈桂香. 新时代高校思想政治理论课教师队伍建设探究 [J]. 轻工科技，2018，34（12）：125-126.

[19] 官桂香，陈昊楠，李婷婷. 互联网背景下高校思想政治教育工作研究 [M]. 北京：中国文史出版社，2018.

[20] 施荣新. 翻转课堂在高校思想政治教育工作中的应用研究 [J]. 辽宁农业职业技术学院学报，2018，20（5）：37-39.

[21] 吴潜涛. 思想政治教育教学与研究 [M]. 北京：中国人民大学出版社，2018.

[22] 苏静. 试析新时期高校思想政治教师的素质要求 [J]. 现代国企研究，2017（16）：268.

[23] 张耀灿. 思想政治教育学科建设研究 [M]. 北京：中国人民大学出版社，2017.

[24] 陈雪梅. 浅谈高校思想政治教师的角色定位 [J]. 新西部（理论版），2016（8）：145；142.

[25] 顾海良. 高校思想政治理论课程建设研究 [M]. 北京：中国人民大学出版社，2016.

[26] 戴钢书. 高校思想政治理论课实践教学论 [M]. 北京：中国人民大学出版社，2015.

[27] 赵允玉. 高校思想政治教师职业认同感的重要性与提升途径 [J]. 教育探索，2015（4）：127-129.

[28] 吴新. 浅析高校思想政治理论课教师队伍建设 [J]. 科技资讯, 2012（35）: 223.

[29] 李海峰. 浅谈高校思想政治教育教师队伍的构成及其专业化 [J]. 改革与开放, 2011（16）: 68-69.

[30] 曹晶璞. 当前高校教师思想政治工作存在的问题与对策 [J]. 改革与开放, 2009（6）: 38.